Capítulo 10:

Los Beneficios de Pérdida de Peso Y la Gerencia

Arropamiento

Prefacio

Cuando sus libras se han apilado y sus pantalones se han quedado muy apretados, es hora para que usted observe lo que usted se chuta. Mirando comidas correctamente, usted podrá mantener su adaptabilidad y su salud. Por consiguiente, usted necesita saber la información nutritiva de cada comida el artículo que usted compra del supermercado. Tenga presente que el conocimiento es poder.

LAS COSAS ESENCIALES DE NUTRICIÓN

Explorando la Manera Correcta para Coma para la Pérdida de Peso Y el Mantenimiento

CAPÍTULO 1:

INTRODUCCIÓN

Sinopsis

Cuando usted sabe la verdad detrás de una comida ítem, usted podrá determinar si es un enemigo o no. Sin embargo, cuando usted es ignorante, usted sólo se asombrará adelante cómo las comidas que usted se chuta tomarán una cuota en usted. ¿Vea qué tan importante el conocimiento en la pérdida de peso es?

LA INFORMACIÓN BÁSICA

Si usted está harto de su cuerpo humano regordete, no se preocupe porque hay todavía esperanza. Sabiendo la manera correcta para comer para la pérdida de peso, usted sólo no logrará uno para morirse por cuerpo humano, pero manténgale a ella por años también, no importa qué cambios hormonales tienen verificativo en su cuerpo humano. Sin embargo, saberlos no sería suficiente si usted no va a aplicarles en su vida diaria. Para hacer esto, usted necesita tener cargas de camión de paciencia, determinación y motivación. Lleve nota que en la pérdida de peso, todos los puntos de partida en la mente porque es la causa de fondo del problema. Cuando usted piensa bien, usted va por el camino recto. Así, antes de que usted decida seguir cualquier tipo de dieta, usted debería acondicionar su mente primero. Siempre recuerde que lo que su mente puede concebir, su cuerpo humano puede lograr.

En los subsiguientes capítulos, las cosas esenciales de nutrición se discutirán. Usted podrá revelar el significado de la forma correcta a comer, cómo hacer elecciones saludables de comida, y cuáles comidas son su amigo y cuáles son su enemigo. La ventaja, usted también podrá entender qué tan correcto la nutrición juega un papel extremadamente importante en la segura y saludable pérdida de peso y por qué la falta de nutrición gastará una broma con su cuerpo humano.

¿Usted ahora alista para una lectura exploratoria que alimentará su mente está con completa información acerca de la relación entre la nutrición y la pérdida de peso? Entonces prepárese sicológicamente y empiece ahora.

CAPÍTULO 2:

LA PIRÁMIDE DE COMIDA

Sinopsis

Todo el mundo está al tanto de la Pirámide de Comida, como es enseñado en escuelas, anunciado en los medios de comunicación y presentado en revistas y publicaciones. Es un guía comprensivo diseñado para ayudar a poblar coma saludable y la marca las elecciones saludables de comida todos los días. Por el hecho que es muy popular, varias personas la marca acostumbran de eso como una herramienta para que ellos pierdan peso. Excepto la espera. ¿Es eso una buena idea o no? Para satisfacer su curiosidad, continúe leyendo.

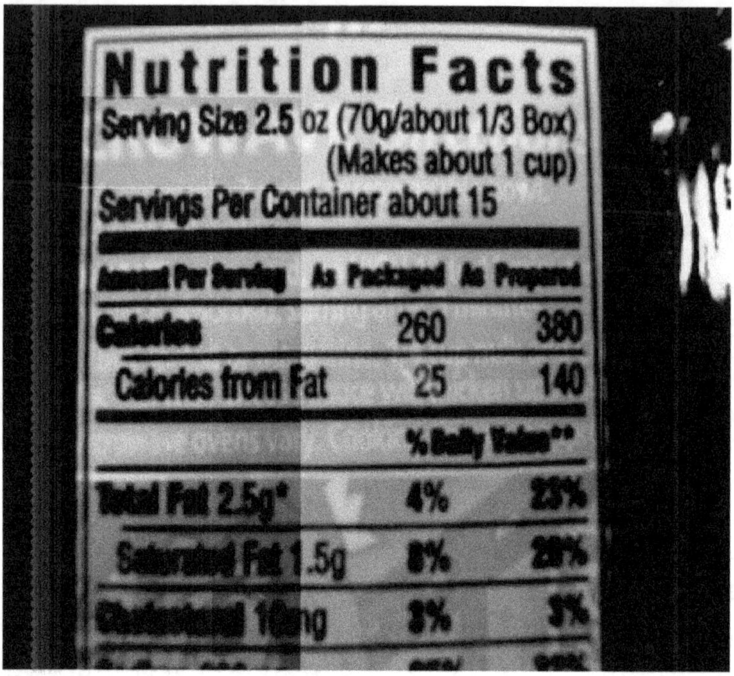

Nutrition Facts
Serving Size 2.5 oz (70g/about 1/3 Box)
(Makes about 1 cup)
Servings Per Container about 15
Amount Per Serving   As Packaged   As Prepared
Calories   260   380
Calories from Fat   25   140
% Daily Value**
Total Fat 2.5g*   4%   25%
Saturated Fat 1.5g   8%   28%
Cholesterol 10mg   3%   3%

LA VERDAD

Recientemente, la pirámide de comida ha sido rehecha por La Secretaría Agrícola. Sin embargo, no es todavía suficiente para esos que tratan para normar y mantienen su peso. Esto es debido al hecho que no es principalmente diseñado para perder peso. La verdad es, es simplemente una línea directiva nutricional ayudar a poblar torreón en su constante salud. Su propósito principal es sólo hacer su nutrición simétrica, y para no proveer una guía para las dietas y la pérdida de peso. Triste para decir, esto es uno de las muchas razones en lo que se refiere a por qué no es una gran opción para personas que quieren adelgazarse y derramar libras rápido. Para averiguar la seguridad de personas, La Secretaría Agrícola ha creado la pirámide de comida tan no específica como posible. Bien, esto es alguna vez lo mejor usted puede obtener el sistema de gobierno. Las muchas personas sostienen la opinión que es para pérdida de peso porque le propone un guía de cantidad de comida para lo que un individuo debería comer basado sobre su edad, el género y el peso y él son diseñados para permanecer saludables. Sin embargo, el gobierno lo refuta. Reducir la comida tiene importancia para perder peso es unas conjeturas totales y no el propósito de la publicación. Señalar la estimación del consumo necesitado de comida no es simplemente impracticable y tedioso, pero duro también. Debido a los intentos diversos y el peligro potencial, alguien teniendo la intención de mudar golpea rápido no debe usar la pirámide de comida recién hechiza. Sin embargo, una vez que un individuo ha logrado su peso deseado, entonces seguro, él puede considerar la pirámide de comida como una gran herramienta permanecer adecuado y sano. También sirve de un buen indicador del balance correcto de comidas en la dieta. Sin embargo, las personas primero deberían tener algo que los ayudará a crear una tirada de la comida para permitirlas mudar golpea rápido.

LA TIRADA DE LA COMIDA

En la orden para la pérdida de peso estar regalado, la tirada de la comida debe estar regalada para usar. Lo más posible, usted necesita tener un menú que es especialmente generado para experimentar todos los días. Nadie seguramente se molestaría en mirar las etiquetas de comida repetidas veces y resolver calorías, ¿ándale? Estos días, las personas están siempre ocupadas y tienen mejores cosas para hacer, y eso cronometran compromiso y el esfuerzo no cabe dentro de su estilo de vida y horario de tiempo. Si usted piensa usar la pirámide de comida como su guía para perder peso, sólo olvídese de su tirada. Ahora que usted ya ha descubierto la verdad acerca de eso, sólo busque otro método para ayudarle a comer bien. Más serán revelados en los subsiguientes capítulos, así es que usted no tiene nada por la que preocuparse.

CAPÍTULO 3:

CORRIJA PROTEÍNAS PARA LA PÉRDIDA DE PESO

Sinopsis

Las proteínas son uno de los elementos más esenciales de la dieta humana en su estado actual responsable en el desarrollo muscular, y en perder peso, la proteína delgada es un componente importante de la toma alimenticia. Excepto la espera. ¿Se ha preguntado alguna vez por usted mismo qué las proteínas correctas para la pérdida de peso sean? Bien, usted sólo los puede obtener de las comidas correctas.

LAS PROTEÍNAS SANAS

Las siguientes comidas contienen proteínas que apresurarán la marcha de la tasa metabólica de su cuerpo humano, así conduciendo a una saludable y segura pérdida de peso.

EL CONCENTRADO DEL SUERO

El gran chisme acerca de concentrado del suero es que viene con propiedades únicas múltiples que le pueden ayudar con su pérdida de peso y metas de mantenimiento. Esta comida tiene niveles altos de cisteína, lo cual eficazmente promueve producción de glutatión, y así le ayuda el cuerpo humano a entrar en estrés del combating de la inflamación y oxidative. La investigación ha demostrado que la inflamación y oxidative que el estrés puede causar oprimen ganancia por simplemente perjudicando el metabolismo con azúcar. Del se ha descubierto que concentrado suero también realza la función de insulina. Eso es también diseñado aliviar esos que experimentan estrés comiendo, como puede fomentar sus niveles de serotonina. Sin embargo, asegúrese de que su concentrado del suero es examinado en la orden para que usted obtenga demasiada lactosa.

BLANQUILLOS

La mayoría de la gente piensa que los blanquillos tienen contenido grueso alto. Bien, esto es en parte cierto, pero cuando usted se chuta retiradamente, o sea un blanquillo a la vez, puede ser una gran comida para la pérdida de peso. También puede aumentar la producción de glucagón, una hormona que funciona para fomentar azúcar sanguíneo al aumentar la habilidad gorda de la quemadura del cuerpo humano.

CLARAS DE HUEVO

Las claras de huevo vienen con propiedades múltiples, haciéndole una gran comida para la pérdida de peso. El cuerpo humano gasta un chinguero de energía en digerirlos, y así usted puede quemar calorías. Además, cuando las claras de huevo son consumidas sin carbohidratos, su cuerpo humano se ve forzado a secretar niveles altos de glucagones, que es conocido como promotores gordos efectivos de pérdida.

TURQUÍA

Otro rico de comida en proteína para la pérdida de peso es guajalote, lo cual suelta triptófano, una hormona que promueve sueño. Las personas con peso ganan y oprimen pérdida que los problemas a menudo sufren de desgarriates de sueño. Incorporando al guajalote en su dieta, usted sólo no podrá mejorar la calidad de su sueño, pero pierda peso también.

PESCADO

El pez es también una gran fuente de proteína porque es delgada y viene con una gran cantidad de grasa. Los expertos dicen que el pez es un componente indispensable de cualquier pérdida de peso o el programa de control del peso.

LA HIERBA ALIMENTÓ CARNE ROJA

Esto es también considerado como gran comida para la pérdida de peso. Sólo no puede realzar que las proporciones de colesterol que ayudan metabolismo de azúcar sanguíneo mantenerse usted se apoya, pero también las ayudas están hambrientas y saciedad. Ahora que usted ha descubierto las mejores comidas para proteína, ¿por qué no los incluye usted en su dieta ahora? Usted estará sorprendido por los resultados más tarde.

CAPÍTULO 4:

CORRIJA CARBOHIDRATOS PARA LA PÉRDIDA DE PESO

Sinopsis

Los carbohidratos obtienen su parte justa de exposición en el mundo de salud y dietas; Los buenos carbohidratos vs. carbohidratos malos y una clase de low-carb están a dieta sobre otro. Lo esencial es que los carbohidratos proveen el cuerpo humano de la energía esencial para agallandarse sus músculos y el cerebro suplido de combustible adecuado para funcionar óptimamente. Aun aunque su intento primario este año debe perder peso, sus necesidades del cuerpo humano se originan los carbohidratos de adentro hacen el pedido para que usted tenga energía. Aprender a balancear su toma de carbohidratos puede agallandarse su cuerpo humano cebado mientras usted logra perder peso.

CÓMO TENER INGESTIÓN CORRECTA DE CARBOHIDRATOS

Para averiguar que usted tiene ingestión correcta del carb, usted tiene que establecer una publicación para contar carbohidratos y oprime pérdida. En la primera plana de su publicación, escriba cuando usted quiere perder peso. Por ahora, sólo deje el resto de espacio en blanco de la página. Escriba la fecha hoy en la esquina correcta superior de la mano de lo en la otra página. Usted también necesita extraer una línea vertical abajo de la media parte de la página. Etiquete la columna correcta con " carbohidratos " y la izquierdo con " comidas comidas ". En el principio de cada día, haga otro carbohidratos y otras comidas página comida. Tiene también mucha importancia rastrear su peso, así es que usted tiene que usar una balanza. Después de obtener su peso de puesta en marcha, regístrelo con una fecha correspondiente. Ponga su entrada primerísima del peso debajo de su intento del blanco para la pérdida de peso. Cada semana, usted tiene que pesarse a usted mismo y registrar los cambios en la publicación. Alguna vez no quede tentado para pisar la balanza más que lo que una vez que una semana considerando el hecho que el peso varíe diariamente. Leyendo las etiquetas de nutrición de la comida que usted consume es también un chisme importante para hacer. Consuma buenos alimentos combustibles como granos enteros, a las verduras y las frutas en lugar de alimentos combustibles del carb les gustan cupcakes, galletas y arroz blanco. Para su información, las buenas comidas del carb tienen un contenido alto de fibras mientras los unos malos del carb son acendrados y altamente tratados con contenido bajo de fibra.

Usted también tiene que colocar su cuenta del carb del blanco diariamente. Por ejemplo, si usted prefiere seguir uno low-carb particular dieta que le hace una valona a gramos 30 consumidores de carbohidratos al día por las semanas 2 iniciales y el carb gradualmente creciente cuenta encima un período de tiempo, utilice estos límites para colocar su cuenta de la señora de la limpieza. Si se desea, usted también puede reducir su ingestión de carbohidratos por 6 gramos por el día y puede checar su desarrollo de este punto de partida.

También, no olvide dividir su cuenta del carb del blanco entre cena, almuerzo y desayune dividiendo su cuota del carb a las 3. Esto le da una línea directiva por la cantidad de carbohidratos que usted puede consumir para cada comida. Si usted prefiere incluir un bocadillo pequeño en medio de sus comidas, más abajo su taxi valga por que cada comida un poco finque suficientes carbohidratos para un bocadillo o 2 a merced de su nivel de hambre. Incluya en la lista las comidas que usted hace consumido y su carb incluir su publicación. En la orden que usted debe ir de sobre su intento, usted también tiene que mantener un total de la cantidad del carb que usted consume. El ejercicio por en menos 3040 minutos al día tres veces por semana. En la publicación, note su tiempo de ejercicio y su clase de actividad. Tres poder de 10 minutos camina cada día corresponde para un ejercicio de 30 minutos.

Para saber su progreso, usted tiene que andar sobres cómo muchas libras que usted tiene, mudan. Durante las semanas iniciales de una dieta de low-carb, usted puede tener posibilidad de dejar caer 5 o más libras. Luego de las primeras 2 semanas, usted debería tratar de perder no más de 1-2 golpea cada semana para una atinada pérdida de peso. Si usted echa de ver que usted pierde peso de volada, aumente su ingestión de carbohidratos por gramos del 5-10 cada día para lograr un paso saludable de pérdida de peso.

CAPÍTULO 5:

CORRIJA GRASAS PARA LA PÉRDIDA DE PESO

Sinopsis

En el mundo de pérdida de peso, las muchas personas consideran grasas como su enemigo. Sin embargo, que no sea siempre el caso. De hecho, la pérdida de peso y las buenas grasas se relacionan de cerca. ¿Usted supo que una dieta no pingüe gravemente puede perjudicar su salud y puede dar como resultado muerte? Sí, usted lo ha leído, ándale. Entonces, si usted piensa excluir todas las comidas que tienen grasa en su dieta, usted sólo encontrará por usted mismo seis pies por debajo del suelo algún día. El cuerpo humano necesita que ácidos grasos cada día para se sientan satisfechos y llenos.

Lo siguiente es una cierta cantidad de los beneficios de buenas grasas:

El mantenimiento del sistema inmunológico

La preservación de salud digestiva

El órgano óptimo funciona

El sistema nervioso óptimo y el cerebro funcionan

La regulación de hormonas

Si su cuerpo humano no recibe la cantidad correcta de ácido graso esencial que necesita, puede conducir a las condiciones de salud y las enfermedades como la obesidad, el ataque al corazón, las enfermedades cardiacas, el asma, la diabetes, el cáncer, el trastorno de hiperactividad con déficit atencional y ***la depresión.***

LA VERDAD ACERCA DE GRASAS MALAS

Ahora que usted sabe por qué está padre la buena grasa para su intento de pérdida de peso, está cerca hora de saber la verdad gacha acerca de grasas malas. Una de las grasas más malas perjudiciales es la hidrogenado, lo cual es también llamados grasa trans o transácidos grasos. Al ir de compras en la abarrotería, lea las etiquetas cuidadosamente. Si usted divisa algunas comidas conteniendo grasa trans hidrogenada o, no las compre. La grasa trans puede aumentar su colesterol malo in vivo, lo cual puede dar como resultado diabetes, cáncer, enfermedades cardiacas y arterias atascadas. Desde que el cuerpo humano no procesa grasa trans, será considerada como toxinas y se guardará en los separos. El consumo peor, de la grasa trans también puede aumentar sus deseos para comida, así es que usted tiene que hacer elecciones saludables de comida.

Para que usted para no experimentar los efectos negativos de hidrogenaron grasas, usted tiene que evitar mantecas y margarina. Usted también no debería consumir comidas rápidas como bocadillos, galletas, esquites, patatas fritas y galletas saladas.

¿Vea eso? La pérdida de peso y las buenas grasas trabajan mano en mano mientras la ganancia del peso y las grasas malas también van juntas. Para lograr sus metas de pérdida de peso, sólo requiere decirle que no a lo que usted debe evitar y decir " sí " para lo que usted debe consumir.

LAS BUENAS GRASAS – LA SOLUCIÓN

Si usted quiere perder peso la forma saludable, en ese entonces usted necesita consumir comidas plateadas en ácidos grasos esenciales también conocido como EFA. Este tipo de ácido graso viene en dos clases – Omega 6 y Omega 3. Estos se encuentran comúnmente en nueces de Castilla, blanquillos, salmón, verduras, girasol, maíz, granos y carnes. Viene con ácido láurico, lo cual es sabido para su habilidad en impedir enfermedades cardiacas, mejorar el sistema inmunológico y aumentar la tasa metabólica, lo cual le permite fomentar sus niveles de energía. Desde que la pérdida de peso y las buenas grasas son trenzadas, usted tiene que ir por este grupo gordo.

Lo siguiente es una cierta cantidad de la buena grasa que tiene comidas para la pérdida de peso:
Aguacate – Esta fruta no es justamente alta en grasas monoinsaturadas, sino que también viene con un whammy doble. Contiene a mannoheptulose, un almidón que inhibe la excreción de insulina. Esto en gran medida puede beneficiar a los individuos con resistencia de insulina, lo cual es una de las causas principales de síndrome metabólico. Hasta la fecha, el dicho síndrome hace mella sobre 40 por ciento de la población de Estados Unidos.

El petróleo de la / Agencia Europea de Productividad DHA – DHA y Agencia de Protección Ambiental se hacen de omega de 100 % 6 y la omega 3 grasas. Las numerosas investigaciones y los estudios han demostrado que estos petróleos tuvieron efectos significativos sobre control de hormona de balance, de estado de ánimo, de hidrocortisona, e inflamación.

La carne roja alimentada en hierba – la Investigación ha demostrado que una carne roja alimentada en hierba tiene efectos diversos sobre las proporciones del 3/6 de la omega y la proporción LDL/HDL cuándo comido por humanos. También ha sido mostrada para realzar reseñas de lípido de la jamaica, lo cual significa que promueve la salud del sistema cardiovascular.

El petróleo virgen del coco – Esto es considerado como el rey de buenas grasas. La investigación ha demostrado que puede aumentar la tasa gorda de la quemadura del cuerpo humano después de la ingestión. Este petróleo actúa como un antioxidante potente por inflamación de rebajamiento, y así ayuda el metabolismo de azúcar sanguíneo. También viene con propiedades que queman grasa café.

En contra de la creencia de muchas personas, las grasas son la causa subyacente de pérdida de peso. Lo que no saben es que las buenas grasas existen, cuál auxilia su cuerpo humano a quemar grasas malas de volada. Si usted estuviese sorprendido en el cual usted ha descubierto en este capítulo,.

CAPÍTULO 6:

QUÉ COMIDAS APROXIMADAMENTE ORGÁNICAS Y CRUDAS

Sinopsis

La USDA, que respalde la Secretaría de Estados Unidos de Agricultura Approved, coloca los estándares definiendo las etiquetas o las comidas orgánicas que pertenecen para comidas tratadas, productos animales, granos y el producto. Cualquier comida que es aprobada orgánica por el United States Department de Agricultura Aprobó, sin tener en cuenta su origen, es gratis de modificación genética de hormona y, antibióticos, irradiación y pesticidas. Las reglas que norman llora y los métodos de conservación de suelos así como también el tratamiento animal y amigable también aplique para los cultivadores de comidas orgánicas. Mientras la terminología manera " orgánica cuerda " para la mayoría de la gente, las terminologías no son esencialmente intercambiables.

LOS FUNDAMENTOS DE PÉRDIDA DE PESO

La toma correcta de caloría es importante para la promoción de por largo tiempo pérdida de peso y por largo tiempo mantenimiento de un peso saludable. En la orden para que usted pierda 1 libra de grasa, usted tiene que consumirse en llamas para 3,500 calorías más de lo que usted consume. Visto que el hecho que usted pueda perder hasta 2 libras a la semana, usted seguramente puede arder alrededor de 1,000 calorías de su dieta todos los días.

Una tirada de dieta promoviendo verduras y frutas, los granos enteros les gusta la avena, la quinoa, y el arroz, los frutos secos bajo en grasa lecheros,, las semillas y las proteínas delgadas le pueden proveer de vitaminas y minerales diversos usted la necesidad, aún cuando usted delimita su toma de *calorías.*

LOS BENEFICIOS ORGÁNICOS

Según la Agencia de Protección Ambiental, 30 % de insecticidas, 60 % de herbicidas y 90 % de fungicidas son carcinogénicos o pueden causar cáncer. El producto orgánico está libre de residuos químicos, haciéndole una gran elección si usted prefiere presentar vegetales y frutas en su dieta sin aumentar la carga de pesticida de su cuerpo humano. Los productos animales cultivados asimismo, tradicionalmente tienen residuos antibióticos y hormonas del crecimiento. De conformidad con El Guía Orgánico de Comida del Marchante, 90 % de carne roja de Estados Unidos inorgánico tiene 6 hormonas diferentes de crecimiento – todo que han sido atrancadas en la Unión Europea por preocupaciones de salud. Los productos animales y la carne orgánica no contienen antibióticos u hormona del crecimiento.

--

LA COMPARACIÓN NUTRICIONAL

Mientras varios proponentes orgánicos de comida han sugerido que viene con más nutrientes que comidas tradicionalmente cultivadas, la prueba de ciencia sugiere que las reseñas nutricionales de las comidas orgánicas e inorgánicas son significativamente lo mismo.
Estando ponderado de en contra iguala producto tradicional, algunas frutas y verduras orgánicas pueden tener antioxidantes y polifenoles más altos, de conformidad con el PH.D. Christine McCullum Gomez, autor y dietista matriculado del libro facultaron a Perspective sobre los Beneficios de Comidas Orgánicas.

CONSIDERACIONES

Como hay una gran demanda para productos orgánicamente vueltos, los fabricantes han actuado en respuesta por con tal que han procesado comidas que se hacen puramente de ingredientes orgánicos que incluyen cenas congeladas, cereales azucarados, galletas saladas y galletas. Como consecuencia, el consumo de comida simplemente porque tiene la etiqueta orgánica, necesariamente no realza o produce pérdida de peso. Usted posiblemente puede mantener una dieta alta en calorías colmada de azúcar y sodio, al estrictamente chutarse comida orgánica.

Desde que su preocupación principal es perder peso, usted tiene que seleccionar comidas del nutrientdense primero, y andar sobres con su toma de caloría. Si usted tiene el deseo de minimizar su residuo químico, los antibióticos y la toma de la hormona del crecimiento, usted necesitan consumir productos animales, granos y producto orgánico que acomoda su dieta.

CAPÍTULO 7:

Las Comidas Correctas para la Ayuda con Aguante para el Ejercicio

Sinopsis

Comer antes de transmitir ejercicios aeróbicos se trata de calidad y oportunidad del momento. Escoger la comida bajo en calorías óptima para consumir antes de realizar cualquier ejercicio de entrenamiento puede hacerse instantáneamente sin comidas costosas adquisitivas de especialidad. Usted necesita educarse a usted mismo bien acerca de las comidas que le echan combustible su cuerpo humano para que los entrenamientos para que usted tengan galleta y aguante todo a todo lo largo del ejercicio.

COMBUSTIBLE - USTED LO NECESITA PARA EL ENTRENAMIENTO

Te guste o no te guste, su cuerpo humano necesita que combustible en la orden para él realice cualquier actividad física óptimamente. La glucosa es el azúcar favorito de su cuerpo humano como sea una fuente principal de energía. A decir verdad, la mayor parte del combustible que su cuerpo humano utiliza durante el ejercicio se origina de la glucosa almacenada en sus músculos como glicógeno. Para ponerlo simplemente, las comidas que usted consume el martes y que miércoles le podría dar pábulo a sus entrenamientos el viernes y sábado.

El paso en el cual las comidas son convertidas en la energía en gran medida depende del tipo de comida. Este paso es también llamado el índice del glycemic de comida. Las comidas que tienen buena clasificación en el índice del glycemic de volada serán convertidas para darle pábulo y le podrán dar su energía del cuerpo humano para los entrenamientos.

LOS CARBOHIDRATOS COMPLICADOS BAJO EN CALORÍAS

Nunca se salte un entrenamiento o comida en una barriga vacía. Sin energía adecuada para darle pábulo a su entrenamiento, usted se agotará de volada. Para fomentar su función y alimentar sus músculos, es importante consumir comidas bajo en calorías antes de realizar cualquier ejercicio. Escoja comidas con carbohidratos complicados en la orden para usted obtenga la mejor fuente de energía. No me olvido de que su intento sea tener calorías del 100-200 a eso de 30 minutos antes de realizar cualquier actividad física.

PRUEBE BOCADILLOS

Lo siguiente es una cierta cantidad de las comidas más bajo en calorías ideales que usted puede consumir antes de realizar cualquier ejercicio:
Cereal

Yogur (libre de grasas)

Galletas saladas secas en forma de ocho

Jugo De Fruta

La bebida deportiva del bar /deportes de energía

Para que usted consuma una cantidad adecuada de calorías antes de realizar un ejercicio, todo lo que usted tiene que hacer es mezclar y corresponder a estas comidas. También, tome nota que comer menos que lo que 100 calorías pueden conducir a la función pobre de ejercicio.

PROTEÍNA

La proteína es significativa para la regeneración de tejido fino y del músculo, lo cual a su vez fomenta galleta del músculo, reduce períodos de recuperación e impide lesiones. Si a usted le gustaría asegurar cualquier actividad física para la pérdida de peso, usted debería comer acerca de 1 oz de / lb de proteína de peso corporal. Lo siguiente es una cierta cantidad de las mejores fuentes de proteína que deberían ser parte de su dieta: Pescado, guajalote, pollo y carne.

LA GRASA

La grasa suministra una fuente secundaria para combustibles de energía y del cuerpo humano. Sin embargo, asegúrese de que usted sólo consume a esos buenos. En el capítulo previo, usted se enteró de que hay dos clases de grasas – lo cañón y buen. Por simplemente consumir comidas que contienen buenas grasas, usted podrá tener sostenido aguante todo a todo lo largo de su entrenamiento.

AGALLÁNDESE SU CUERPO HUMANO HIDRATADO

La dieta planifica eso no tienen adecuada recogida de aguas y la humidificación puede impedir función excelente de entrenamiento y recuperación acelerada. La deshidratación puede inducir a forzar fatiga y a acalambrarse. De conformidad con Hal Higdon, un vagón de pasajeros jugado de aguante, uno de los factores más importantes para asegurar su aguante en cualquier actividad física es humidificación.

NUTRIENTES

Las calorías totales que usted necesita por el día difieren, y pueden estar ajustadas para corresponder a sus requisitos. Lo siguiente es una cierta cantidad de los nutrientes usados en producir energía: Las vitaminas de la B, la riboflavina y la tiamina. Para impedir músculo acalambrándose y la fatiga, sus minerales de necesidades del cuerpo humano como hierro, calcio, potasio y sodio. ¿Usted ahora está listo a realizar actividades físicas para perder peso? Entonces no olvide incorporar las comidas mencionadas en este capítulo en su dieta.

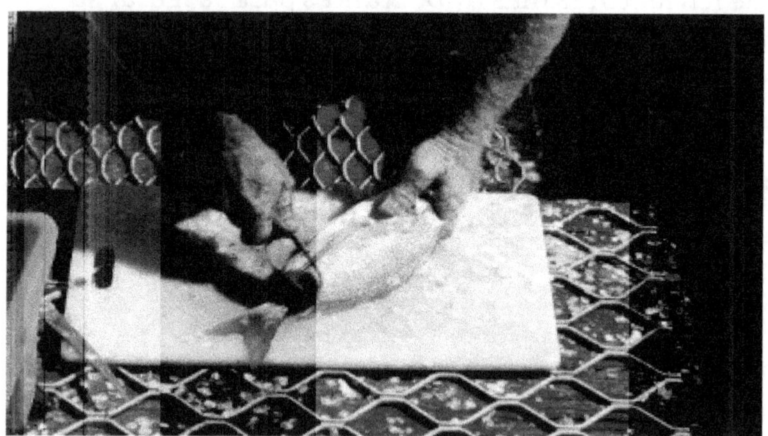

CAPÍTULO 8:

MANTENIENDO SU PESO CON DIETA

Sinopsis

En simplemente un parpadeo de un ojo, la ganancia del peso puede tener verificativo. Sin embargo, el chisme irónico es que puede llevar meses o puede emparejar los años para perderlo. Si usted está sobre una pérdida de peso planifique ahora mismo, usted no debería detenerse cuando usted ha logrado su peso corporal deseado. Algo así como cualquier régimen de chulada, la pérdida de peso requiere mantenimiento.

Oprima a los individuos conscientes progresivamente no deben modificar su dieta, pero más bien gradualmente. No es también ideal despojarse de comidas o debajo coma porque puede tomar una cuota sobre su salud más tarde. Menos mal, hay un gran patrón que come que le ayudará a manejar su peso correctamente y agallandarse sus altos de niveles de energía. Todo ello comienza por simplemente pensar acerca de los fundamentos de nutrición.

COMA FRESCO Y SALUDABLE

Cocinar las comidas que usted acabas de comprar es la forma más ideal para saber que lo que usted consume es fresco. También, si la retención de color de las comidas es alright, en ese entonces es fresco. Planificando sus comidas sobre una base semanal, usted podrán minimizar el número de por usted coma fuera. La ventaja, la preparación de comida en casa también las ayudas que usted ahorra bastante.

COMA COLORIDO

De cualquier otro modo en relación a la forma de sostener
que su pérdida de peso debe intentar formas diversas y
colorea al comprar frutas y verduras. La violeta de compra,
el amarillo verde, naranjado, rojo, y otros colores. ¿Usted
supo que los colores determinan las vitaminas eso contiene?
Así, usted tiene que balancear lo que usted compra. Si usted
tiene la intención de hacer una ensalada, usted tiene que
experimentar con las frutas y los vegetales que usted incluye.

COMA CON SURTIDO

En lo que se refiere a comida, usted siempre debería ser creativo. Usted puede modificar el sabor de su sacudida de la fruta, filete o pasta. Con comidas, no hay el día del perforado. En la orden para que usted pierda peso eficazmente al darle a su cuerpo humano la nutrición correcta que necesita, usted tiene que dejar a su imaginación surtir efecto.

COMA MODERADAMENTE

Estos días, varias comidas tienen ingredientes antihigiénicos. En la orden para que usted cae en su trampa, usted tiene que leer las etiquetas. Admítalo, usted encuentra la mayoría de comidas antihigiénicas deliciosas y habituando, así es que usted queda tentado para comer como un pelón de hospicio de ellas algunas veces. Si usted en realidad quiere perder peso la forma saludable, usted debería acondicionar su mente que chutándose demasiado gordi, el dulce y la comida salada a largo plazo sólo pueden conducir a las enfermedades chonchas.

SIMPLEMENTE CHÚTESE MENOS

Una de las causas principales de antihigiénico comer es enormes porciones ya sea en casa o adentro el restaurante. Usted en realidad tiene que observar sus porciones y su corte de regreso en ellas. También, coma con su barriga y no con sus ojos. Usted tiene que cocinar u ordenar sólo lo que usted puede terminar. Así, usted podrá ahorrar tiempo, esfuerzo y chavo.

CUENTE CON SUS COMIDAS CON PERSONAS

Cuando usted come fuera con sus amigos o su familia,
usted tendrá más apetito para comer. Usted también
podrá comunicarse con otros y tener una buena
carcajada. Sin embargo, asegúrese de que las comidas
servidas sobre el tapete son sanas.
Si usted quiere mantener su peso, usted tiene
que andar sobres con lo que usted come.

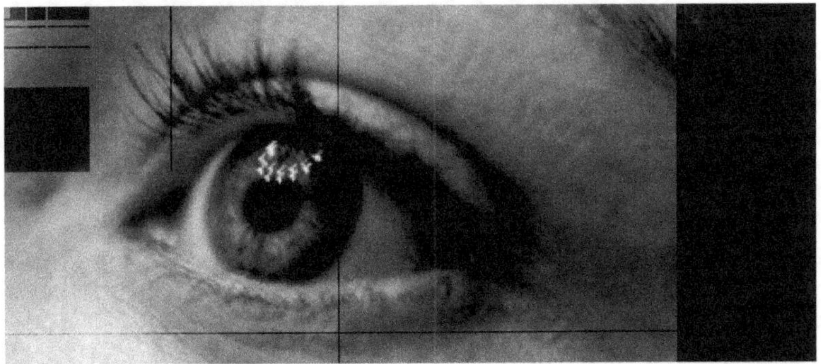

CAPÍTULO 9:

QUÉ TAN ES IMPORTANTE SU COMIDA DE VISTA OF

Sinopsis

Cuando usted oye la pérdida de peso de palabra, por supuesto, el chisme primerísimo que introducirá su mente es la palabra " comida ". ¿Sino cómo lo mira usted? Considera usted comida como una manera de supervivencia, indulgencia, lujo, el tiempo pasado, ¿o la necesidad? En la orden para que usted suspenda en forma, usted tiene que mirar comida correctamente. ¿Pero qué le hace término medio?

SU VISTA EN COMIDA

Su vista de comida revela a la clase de persona que usted es.
Si usted es obeso ahora mismo, quiere decir que usted es un
abusador de comida y una cuzca. En la orden para que usted
esté en la forma correcta, en ese entonces usted tiene que
mirar comida correctamente. Ésta está la única manera en
cómo puede permanecer usted adecuado y saludable.
Su conocimiento acerca de comida y cómo puede
afectar su salud es influenciado por su conocimiento.
El más conocimiento que usted tiene, lo más usted
puede comer correctamente. Por consiguiente, usted
debería saber qué comidas son mejores y peores para
usted. Así, todo estará en balance, y usted ya no tiene
que ser problemático de su peso y forma más ya.
Para mirar comida correctamente, usted debería encajarse
con la internet. En simplemente algunos clics, usted podrá
saber la verdad acerca de comidas diferentes. ¿Entonces,
por qué no transmite usted investigación extensiva ahora?
Siempre tome nota que aprendizaje pequeño es peligroso.

CAPÍTULO 10:

LAS VENTAJAS DE DIETA CORRECTA PARA LA PÉRDIDA DE PESO

Sinopsis

Para perder peso, la solución está regalada – la dieta. Sin embargo, la mayoría de la gente interpreta mal esta palabra de 4 cartas. Piensan ese despojo por ellos mismos de comida o matándose de hambre ellos mismos hasta morir es la mejor forma en relación a la forma de derramar libras instantáneamente. Sí, esto es en parte cierto, pero la pérdida de peso que experimentan es simplemente un jijiez. Aunque pierden peso instantáneamente, sólo pueden encontrarse aumentando de peso otra vez luego de algunas semanas. Peor, que también pueden desarrollar enfermedades chonchas que puede dedicarse a una cuota ellos en la etapa más reciente de su vida. Esto está la razón por la que la dieta correcta es importante.

LOS BENEFICIOS

Hay una enorme diferencia entre la dieta y la dieta correcta.
Si usted los sabe, usted tendrá una situación beneficiosa para
ambas partes. Le beneficiará en las formas que usted nunca ha
esperado no sólo en el aspecto físico. Cuando usted sigue una
dieta correcta, usted podrá destacar lo mejor en su cuerpo
humano y usted se sentirá bien por dentro y por fuera. Con la
excepción de estos, después de una dieta correcta tiene otros
beneficios, pero este libro no es lo suficiente como para men-
cionar a todos ellos. Para que usted a experimentar emociona
y auto-cumplimiento, ¿por qué no los descubre usted sólo?
Si usted cree que usted es la persona más obesa en el mundo,
no pierda las esperanzas. Con tal de que usted esté vivo,
usted todavía puede tener posibilidad de cambiar su
vivo. Siguiendo los consejos mencionados en este libro,
usted sólo estarán asombrados con los resultados.

Arropamiento

Después de leer este libro usted debería compenetrarse de la importancia entre la nutrición correcta y la saludable pérdida de peso. Siempre recuerde que no todos los métodos de pérdida de peso son buenos pues su salud o producirán cualquier pérdida de peso resulta del todo. En la orden para que usted sea exitoso con sus metas de pérdida de peso usted debe tener un balance correcto de ejercicio, la motivación, la salud, y la nutrición. Uno de estos factores en el de ellos nunca dará resultados deseables. Espero que usted pueda tomar lo que usted ha aprendido de este libro y lo saca partido de viviendo un más saludable y más feliz estilo de vida. ¡ Le deseo la caca mejor y buena!

Divida En Capítulos 1 Introducción

Un estilo de vida que es saludable y promueve una
buena calidad de la vida es importante. Como un
padre, es también uno de los mejores regalos que usted
le puede dar a sus niños. La comida es una necesidad
para nuestros cuerpos humanos para prosperar
pero vivimos en una sociedad se chutaba hábitos
se han movido entre la dirección equivocada.

Una falta de tiempo, una falta de información, y
la disponibilidad de comidas tratadas han dado
como resultado obesidad, han aumentado riesgos
de salud, y han hecho más pequeño lifespan. Estos

resultados negativos pueden dificultar vida debido
a la energía reducida, no el ser como la alerta, y un
montón de problemas potenciales de salud.

Si se interesó en usted forjarse cambios positivos
y para su grupo familiar, considere el gluten a
grapa viviendo opción. Usted puede decir que
usted está demasiado ocupado para gluten que
la dieta libre programa o que usted será limitado
en las comidas usted puede comprar.
Sin embargo, esto no tiene que ser el caso. Queda
muchísima recetas y variedad que son fáciles de
hacer. Hay más restaurantes y más abarroterías
hoy ese gluten de oferta a grapa opciones que en el
pasado. Éste es un cambio de estilo de vida que usted
encontrará allí es un chinguero de soporte rodeando
y eso posibilita exitosamente incorporarse.

Hasta ahora, usted no pudo haber pagado demasiada
atención para gluten. Pero está en tantos de
las comidas que la persona común se chuta sin
pensarlo dos veces acerca de hacer eso. Parece
estar en todo lugar que usted mira ahora que usted
hace esfuerzos para excluirlo de su dieta.

En lugar de enfocar la atención en ese hecho negativo
sin embargo, el foco en el positivo cambia usted va
a la marca y la oportunidad que usted tiene para
mejorar a su en conjunto ser sano. Como usted aprende
más acerca de gluten emiten productos que usted
puede hacer mejores elecciones que le ayudan.

Inicialmente, un gluten libre estilo de vida puede
parecer también duramente implementar, pero no
tiene que ser. Aquí, usted obtendrá la información que
usted necesita acerca de por qué usted la puede vivir

más saludable y más feliz como una lombriz con este tipo de dieta. Usted averiguará métodos para ir de compras y chutarse fuera esa marca eso más regalado.

Eliminando los mitos y ateniéndose a los hechos que usted puede formular su plan de campaña. Usted se informará acerca de recetas, soporte, y la salud se beneficia. ¡Como usted lee de cabo a rabo los materiales, usted estará motivado para aceptar tales cambios y usted tendrá los métodos para hacer eso!

No todo el mundo allí afuera está listo a actuar con un gluten a grapa dieta, y eso está bien. La libertad de elección tiene mucha importancia. Si usted lo siente sirve para usted que lo que no se preocupe por lo que las otras personas piensan. Si usted es amistosamente como usted baraja sus razones y al hablar con esos en un restaurante eso es servirle entonces no es inapropiado del todo.

En 2010, las compañías de investigación diversas incluyendo el Restaurante Nacional

La federación societaria y Culinaria Estadunidense nombró gluten a grapa como una de las prioridades sobresalientes de comida para considerar para sus establecimientos. Se percataron que esto fue más que una tendencia pasajera.

Para millones de personas, se ha convertido en una elección de estilo de vida en la que se involucran cada día. ¿Usted está listo a unirlos? Parece que todo las puertas estén abiertas de par en par en este punto en lo que se refiere a la oportunidad global. Las barreras que acostumbraron ser en su sitio algo semejante tan delimitaron productos que

fueron gluten a grapa y una falta de información
ha estado con toda pausa removido.

Los problemas del gluten los pueden afectar a las
personas de todas las edades, los niños inclusivos.
No hay indicación que cualquier raza o el género
tiene mejor probabilidad de ser afectado por
ella que otros. Lo más pronto que el problema
es identificado sin embargo lo mejor.

Muchos adultos desarrollan este paquete como
envejecen y hay una multitud de razones por qué.
No hay nada que usted puede hacer para impedir
eso aunque como es un factor genético. Usted
puede actuar sin embargo vivir una buena calidad
de la vida sin embargo a pesar de la situación.

Capítulo 2

¿QUÉ VIVE EL GLUTEN GRATIS?

El gluten es un tipo de proteína que se encuentra en comidas diversas incluyendo centeno, cebada, y el trigo. Mientras la mayor parte de nosotros tardamos a para ser concedido capaz en digerir esta proteína que no es el caso para millones de otros. En lugar de eso, su cuerpo humano lucha contra eso cada vez que consumen cualquier gluten.

Hay algo de individuos que tienen una reacción adversa para gluten así es que lo deban eliminar de su cuerpo humano. Su cuerpo humano en verdad combatirá digerirlo como es considerado como el enemigo y el cuerpo humano está listo a atacar. Esto es por qué puede conducir a las deficiencias nutritivas y también para la fatiga crónica. El cuerpo humano no puede usar los nutrientes ingeridos y tanta energía es gastada combatiendo el gluten.

Sin embargo, las muchas personas deciden hacer tal cambio para sentirse mejores y promover longevidad. Muchas celebridades populacheras hablan de su gluten dieta libre y eso tiende a tener la atención de la persona común también.

El gluten la vida libre quiere decir que usted ya no

consume las comidas que contienen gluten en ellas. Usted necesita asegurarse de que usted tenga cuidado con boletos cruzados de infición que pueden tener verificativo. Por ejemplo, las avenas no tienen gluten en ellas pero debido a la forma que son procesadas y empacadas que deberían estar asumidas para tener gluten en ellos a menos que el embalaje para ese producto particular específicamente dice de otra manera.

Usted todavía conseguirá consumir una variedad ancha de comidas sin embargo cuál es de suma importancia. Nadie quiere tener la impresión de que son estrictamente limitados a simplemente algunas elecciones para sus comidas. Hay gluten a grapa cañería maestra recorre, entremeses, y aun postres que usted puede gozar. La comida sabe grande también así es que usted no va a decidir pues las alternativas no irritantes o la comida que usted tiene para obligarse a consumir.

Es también importante saber que un gluten correcto que libre estilo de vida le ofrece su cuerpo humano las vitaminas, minerales, y la fibra que usted necesita diariamente. Una porción grande de su dieta incluirá frutas del tiempo y verduras. Si a usted ya le gusta chutarse frutas y verduras entonces éste va a ser un cambio más regalado de estilo de vida para usted que lo que usted podría haber pensado.

También ofrecen su cuerpo humano los antioxidantes energéticos a ayudar a quitar toxinas de su cuerpo humano. Usted se sentirá satisfecho en vez de hambriento, provee su cuerpo humano de combustible, y tiene energía para su rutina diaria y el ejercicio.

Usted puede tener miedo al principio acerca de una

dieta que está libre de gluten pero usted estará muy alegre con las elecciones allí afuera. Usted encontrará que una colección variada de grandes comidas y usted aun pueden tener pastel y otros artículos deliciosos hechos de alternativas harineras.

VEA A SU DOCTOR

No es hecho una valona a para el ego diagnostique en lo que se refiere a un paquete del gluten. Usted le debería consultar a su doctor para tener la experimentación correcta hecha. Algunos de los síntomas de problemas del gluten pueden equivaler a otras formas de problemas de salud así es que es importante tener un diagnóstico profesional.

Continúe comiendo la ruta que usted normalmente lo haría sin embargo cuando usted es programado para la experimentación. ¡Si no hay gluten en su cuerpo humano entonces la chamba de la jamaica es no ir para poder determinar que es el corazón del problema (si sí que es)! Si su chamba de la jamaica demuestra que se hace un problema entonces usted puede quitar el gluten.

Por supuesto que si usted hace el cambio porque usted quiere y no por una preocupación médica entonces usted puede hacer el cambio cuando usted está puesto. Tampoco gaste los artículos que usted hace salir en su casa con gluten o lanzamiento ellos y hace una suspensión fresca de él. ¡Las muchas personas encuentran largar esos artículos en la basura muy es facultar!

El alcance en el lugar pues este tipo de experimentar significativamente ha cultivado en la pasada dos años.

La parte del proceso de educación implica obligar a más doctores a prescribir tal experimentación para sus pacientes. Por 2019 el intento debe exitosamente diagnosticar tantos casos tan posibles así es que los niños y los adultos con un gluten le conciernen no esté escabulléndosese por las grietas y aumentando el riesgo de problemas chonchos de salud.

Algunos individuos todavía notarán que tienen algunos síntomas aun después de que intercambian para un gluten a grapa dieta. Esto puede ser debido a la severidad de su condición. También puede ser debido al daño que ha tenido verificativo pues el intestino delgado. Mientras el intestino delgado se sana a sí mismo, su doctor le puede hacer una valona a que usted toma suplementos de régimen alimenticio en orden si el malnourishment ha tenido verificativo.

Muchos individuos que se cambian a un gluten a grapa están a dieta no obtiene la cantidad de ciertas vitaminas que su cuerpo humano necesita. Su doctor le puede hacer una valona a que un suplemento aumente la cantidad de Vitamina B, hierro, cinc, o calcio. Si tales suplementos son toma recomendable ellos hasta que su doctor le siente ya no necesitarlos.

LOS ARTÍCULOS DE MENAJE A ESPIAR

La mayoría de la gente tiene la comprensión que el gluten es sólo encontrado en comidas que usted consume. Sin embargo, hay algunos artículos de menaje que lo pueden contener así es que usted necesita ser machetero en mirarlos también. Aquí están los más nacos que usted necesita tomar una mirada muy juntas en antes de que usted los vuelve a usar. Dependerá de la marca así es que usted necesita leer la etiqueta:

Protector labial

La goma

Goma

Medicamentos (Incluyendo sobre el mostrador, los remedios herbarios, y las recetas médicas)
Pasta dentífrica

Capítulo 3

¿POR QUÉ VIVE EL GLUTEN GRATIS UNA BUENA IDEA?

A algunos individuos no les quedan nada más que seguir un gluten a grapa estilo de vida debido al muy su proceso de cuerpos humanos él. La enfermedad celíaca es un tipo de desgarriate autoinmune que resulta en el cuerpo humano desechando gluten en lugar de procesarlo. El gluten se ve como una toxina para sus cuerpos humanos y eso puede crear problemas de salud muy chonchos.

La severidad de la reacción puede variar basada en el individuo y la cantidad de gluten que consumen. Una alergia del gluten es sumamente común, pero es muy raras veces diagnosticada. Hoy, más personas están al corriente de los síntomas y más profesionistas médicos experimentan para eso.

Esto es por qué el número de niños con sensibilidad para gluten está siendo identificado. Hay adultos que han luchado contra su salud para su vida entera aunque porque este paquete del gluten fue nunca dirigido la palabra. Lo más pronto que una persona es diagnosticada sin embargo lo más pronto cambios para su dieta pueden ser implementados.

Es creído tan 1 en 133 personas tenga alguna forma de Enfermedad Celíaca. El problema es que cuando consumen gluten su intestino delgado está dañado. Esto crea problemas con el intestino delgado exitosamente absorbiendo nutrientes que el cuerpo humano necesita. Algunos reportes indican aproximadamente 83 % de los casos aunque no es diagnosticado.

La enfermedad celíaca es genética así que si alguien en su familia la tiene entonces sus aumentos del riesgo. Algunos individuos tienen varios síntomas y los otros no tienen a cualquier del todo. Hay más que lo que 300 síntomas posibles que pueden tener verificativo, pero estos son lo más naco:

Dolor abdominal

Anemia

Sensación de plenitud

Deshuese dolor

La fatiga crónica

Depresión

Chorrillo

Los problemas de fertilidad

Gas

Dolores de cabeza

El peso cambia

Los niños pueden tener algunos otros síntomas sobre los que elaboran incluir:

Los cambios conductistas

El daño dental de esmalte
El abdomen distendido
El fracaso para ganar peso o la altura en su percentil

Para confirmar tal diagnóstico, la chamba de la
jamaica es completada. Si regresa el positivo,
que lo que una biopsia del intestino delgado
cometerá ver si el forro ha estado dañado tan bien
como el grado de cualquier daño que ha tenido
verificativo. No hay cura para la Enfermedad Celíaca
aparte de para seguir un gluten a grapa dieta.

El proceder deja el intestino delgado curarse y
con el tiempo puede dejar a una persona hacer
una recuperación completa. Su cuerpo humano
comenzará a poder usar los nutrientes que
consumen para la mejor salud global. El problema
se empeorará si los cambios dietéticos no son
hechos incluyendo problemas de malnutrición,
de osteoporosis, neurológicos, y Linfoma.

Pida experimentar para usted y sus niños si es posible
porque tantas personas se vuelven no diagnosticadas
con este tipo de problema. Si usted piensa que éste
podría ser el boleto, no quiera hasta que su doctor
traiga a colación la idea de la experimentación.
Pregúntele a sus miembros familiares también
para determina si hay una probabilidad alta de
eso teniendo verificativo para usted o su niño.

Algunos individuos desarrollan Dermatitis
Herpetiforme, a menudo llamado DH, lo cual es un
tipo de Enfermedad Celíaca que afecta la piel. Para
el diagnóstico que eso la chamba de la jamaica y
una biopsia de piel son transmitidos. La única cura

para eso es también un gluten a grapa dieta.

Tal prueba es unas buenas ideas como este tipo de paquete de piel es a menudo confundido por Eczema. Puede ser muy frustrante cuando la medicación para Eczema recibe pero la condición o permanece igual o se empeora. Hasta que la dieta cambia en ese entonces la piel no va a aclararse.

Las muchas personas hacen la elección para hacer un gluten liberar dieta si bien no tienen la enfermedad. Algunos tienen una historia familiar de muchos problemas de salud y ellos son ser tan proactivo como posible para reducir el riesgo de salud choncha le concierne para ellos personalmente.

Si usted decide hacer esto su estilo de vida debido a sus creencias personales, usted necesita salir en defensa de eso. No deje a a los otros que no están de acuerdo con usted o eso no comprende su decisión para crear problemas o dudas para usted. No todo el mundo en su vida será solidario acerca de eso pero la mayoría de voluntad de personas.

Un gluten libre estilo de vida no es algo para ser tímido aproximadamente, estar avergonzado de, o que usted necesita esconderse. Puede ser diferente a las otras personas y las elecciones de comida que hacen pero eso está bien. Está cerca haciendo lo correcto para usted y para que su para familia a este respecto tan no sucumba mire con atención presión.

Los padres intentan hacer todo lo que hacen para crear a un mundo para sus niños que es justo, que eso es entretenido, y eso es gratificante. Aún pueden haber boletos con niños que la sociedad como un todo no

tenga buen corazón aproximadamente. Por ejemplo,
los niños que tienen SUMA o el trastorno de hiperactividad con déficit atencional o esos con Autismo.

Como el padre de un niño con esos tipos de boletos,
puede ser agobiante. Puede ser duro para usted
y su socio con quien tratar diariamente. Usted
puede tener la impresión de que usted ha estado
aislado por sus amigos y su familia por eso.
No perdiendo las esperanzas con su
niño aunque es importante.

Algunos padres se han encontrado con que su niño
significativamente mejoró removiendo gluten de su
dieta. Ésta fue una mejor opción o ellos que medicinar
a su niño. Cuándo hay boletos de comportamiento
que no son explicados, que esté definitivamente que
vale probar un gluten a grapa dieta por algunos meses
y andar sobres con el comportamiento de su niño.

Si usted ve mejoras, entonces eso es alentador y
usted debería continuar la dieta. Podría hacer
una enorme diferencia en la felicidad de su
niño, en la dinámica de su grupo familiar, y aun
cómo es su niño aceptado socialmente.

Hay algunos estudios fuera allí eso indica un
gluten a grapa dieta puede ser unos síntomas
de forma para reducir de peso de otras formas
de deficiencias autoinmunes también.
Esto incluye:

Fibrosis Cística
Esclerosis Múltiple

La Enfermedad Tiroidea

Tal información es muy alentadora porque puede ser muy desestabilizante ocuparse de los síntomas de estas deficiencias autoinmunes. Pueden crear dolor, fatiga, y otros síntomas que afectan cada elemento de vida de una persona. Al cambiarse a un gluten la dieta libre puede hacer estos problemas de salud más dóciles, ¿no vale la pena ella considerar?

Otros individuos se han reabastecido de un gluten libre estilo de vida debido a tener a un niño o hermanan eso necesita seguir tal tirada de dieta. Es ciertamente más fácil de crear comidas que todo el mundo en el grupo familiar puede consumir en vez de hacer algo diferente de la persona que no pueden tener gluten. La ventaja, si un padre tiene un gluten relató boleto que es muy posible que los niños en el grupo familiar leguen en algún punto. Enseñarlos una forma más saludable de comer desde temprana edad es importante.

Hay personas que escogen no consumir gluten porque se sienten mejor removiéndolo de su dieta. Mientras no dieron resultado positivo para la Enfermedad Celíaca, pueden tener algún tipo de alergia de trigo. Pueden tener una intolerancia o una sensibilidad para gluten. A menudo tienen gas o sensación de plenitud cuando lo consumen así es que han cambiado de dirección si de su dieta para ser mucho más cómodos. No tienen daño para el intestino delgado debido al gluten sino ellos sólo no se sienten mejor en conjunto por ahí no consumiéndolo más ya.

Nadie quiere intentar pasar a través de su día

continuamente con hincharse y el gas. Puede
entrabar enfocar la atención en chamba, actividades
sociales, y aun relaciones íntimas. Con la ansiedad
de la que se fue acerca de tales síntomas, le puede
dar a una persona un refrescante y optimista punto
de vista acerca de la vida que atinaba mal antes.

La pérdida de peso y el mantenimiento del peso
también han sido una razón para dejar de consumir
gluten. El deseo para dulces puede entrabar apegarse
a una buena tirada de dieta pero muchas personas
encuentran que no tienen deseos después de que
algunas semanas de un gluten la dieta libre.

También se encuentran con que pierden peso
y lo mantienen completamente porque ya no
alcanzan pues las comidas que tienen vacía las
calorías o los bocadillos que son procesados. Tales
cambios también pueden hacer admiraciones por
la cantidad de la energía que una persona tiene.

Las muchas personas consideran que han estado sobre
un curso perdedor para la pérdida de peso para muy
algún tiempo. No tienen que la fuerza de voluntad
para ser fieles a un programa que los restringe y de a
devis no deberían. Las dietas de moda pasajera pueden
ser muy populares pero son en realidad simplemente
personas ponientes hasta fallan. Las muchas personas
se encuentran con que pueden atascarse con un
gluten a grapa dieta y que hacen pierde peso.

Hay algunas razones para tan para tener verificativo.
Como anteriormente citado, los deseos se mocha
y eso simplifica elecciones más saludables
selectoras. Reducir la cantidad de comidas tratadas
que son consumidas quiere decir que hay menos

carbohidratos dañinos que el cuerpo humano almacenará como grasa. Hay también menos toma de azúcar que se guardará como grasa.

La energía aumentada con este estilo de vida también le da a alguien que la ayuda a ellos puede necesitar de a devis hacer ejercicio. Les pudieron haber dado mucho trabajo hacer eso antes pero ahora ellos tiene ambos la energía y la motivación para ser fiel a un plan de campaña. Como se sienten mejor y que su estado de ánimo mejora se convierte en un camino que les gustaría continuar descendiendo.

El veredicto está todavía allí afuera por los expertos sin embargo referente a hacerle una valona al gluten a grapa dieta para la pérdida de peso. Desde que no puede ser probado fuera a fondo y puede cronometrar estudios consumidores usted no encontrará al doctor ese fácilmente le hace una valona. Sin embargo, usted encontrará a un titipuchal de personas que dicen que fue el cambio tan permitido ellos para sentirse en plena forma y dejar caer las libras cuando nada más surtió efecto.

Si usted ha golpeado un punto donde usted tiene la impresión de que perder peso es un caso perdido, usted puede tener el deseo de probar este tipo de estilo de vida a para un período de 90 días. Si usted se encuentra con que usted se siente mejor, usted tiene más energía, y que usted ha perdido peso en ese entonces es una opción continuar con ella.

Sin tener en cuenta su razón para decidir seguir un gluten dieta libre – por la necesidad o por la elección – no tiene que ser duro y no tiene que ser hora consumidor. No quiere decir que usted

tenga una enorme cuenta de la abarrotería o que
usted no puede disfrutar de salir a comer.

Si usted viaja a menudo, usted puede preocuparse
pero usted puede usar la internet para ayudarle a
encontrar grandes elecciones del menú y restaurantes
dondequiera que usted puede ir de ese gluten de
oferta selecciones libres. ¡Usted tiene la capacidad de
hacer esto trabajar para usted y todo la información
que usted necesita está en sus puntas del dedo!

LOS NIÑOS Y EL GLUTEN LIBERAN DIETAS

Si su niño les sigue un gluten a grapa dieta – por la necesidad o por su elección de crianza de los hijos – conversación para ellos acerca de él. Asombra lo que los niños pueden enterarse aun desde temprana edad de hacer buenas elecciones de comida. Deles cuentas la importancia de sus elecciones de comida.

Deje a ellos saber que si están en duda acerca de lo que pueden comer entonces deberían refrenarse de consumirlo hasta que tienen aprobación de un adulto. Haga seguro la dieta del gluten de su niño es bien conocida cuando van para quedarse con un amigo también. Usted puede hablar con el padre en el avance para hacer alojo.

Ofrézcase a enviar un gluten a grapa comida y bocadillos a fin de que no se sientan obligados a comprarle los artículos especiales a su niño sea un invitado en su casa. Esto también reduce el riesgo que correctamente no le pueden prestar atención a etiquetado debido a no teniendo bastantes información para hacer las elecciones correctas.

En el otro extremo de ese espectro, piense acerca de individuos rucos de quienes usted puede ser responsable. Si usted hace sus comidas o ellos están en una facilidad asistida de cautela que pueden necesitar un gluten a grapa tirada de dieta. Haga seguro alguien que se encarga de su cautela comprende lo que pueden chutarse y lo que no pueden.

EJERCICIO

Tiene mucha importancia señalar que el ejercicio diario es importante para personas de todas las edades. Tomando en parte en un gluten a grapa dieta es un paso en la dirección correcta para la salud global, perdiendo peso, y manteniendo un peso corporal saludable. El ejercicio todavía necesita ser una parte de la rutina diaria. Muchos individuos no ejercitaron bastante antes debido a su dieta.

Continuamente se sintieron fatigados y lerdos así es que fue duro que ellos tomen parte en resultar. Una vez que se cambiaron a un gluten dieta libre aunque se encontraron con que pudieron sacar provecho de la energía adicional. Fueron energéticos durante todo el día también sin los picos y los valles allí dentro esa vez requirieron una toma de azúcar como un analéptico.

Hable con su doctor acerca de largar cualquier programa nuevo de ejercicio. Tenga a la vista que si usted hace cambios de más de inmediato para su estilo de vida será difícil de serle fiel. Enfoque la atención en los cambios dietéticos y familiarizarse con lo que usted puede comer y qué usted no puede primero.

Entonces como su nivel de energía los incrementos y usted se ponen cómodos con sus cambios dietéticos usted puede considerar el ejercicio tirada. El descubrimiento forma de ejercicio en

el que usted puede tomar parte eso está en su
nivel de adaptabilidad. Usted también debería
tomar parte en clases de ejercicio de las que
usted disfrutará así es que usted les será fiel.

Capítulo 4 Yendo a Comprar Food y Comer Fuera

Planificar sus comidas es una parte importante de un
gluten a grapa estilo de vida. Reduce la necesidad para
que usted haga una elección antihigiénica porque
usted es carrereado para el tiempo. Planifique sus
bocadillos demasiado a fin de que usted siempre tenga
algo que usted puede tratar de alcanzar cuando a usted
le da hambre. Usted no tiene que estar sobrecogido
por la tarea de ir a la abarrotería sin embargo.

Hay más tiendas que ofrecen gluten a grapa productos
que lo que usted puede percatarse. La demanda para
ellos así como la variedad de opciones continúa
aumentando todo el tiempo. Usted puede volverse
en línea para averiguar donde ir localmente a
comprar esos artículos que usted quiere. Si usted no
encuentra bastante selección, hable con el gerente.

Pueden estar dispuestos a añadirle artículos de

algunos glútenes de libre a lo que normalmente surten si los clientes lo piden. Los estudios demuestran que a partir de 2012, aproximadamente 15 % de clientes iba a comprar sólo gluten productos gratis. Hasta 25 % estuviera comprando gluten de productos libre como se han descamado abajo sobre el volumen de gluten que consumen.

Las predicciones de U.S. News y el Reporte Mundial son que este porcentaje va sólo a continuar incrementándose en el futuro. Los menuderos que venden abarrotes van ciertamente a estarle poniendo atención a esta información también y preparando los estantes en sus tiendas para responsabilizarse por esa demanda.

Estar bien informado es importante cuando usted va a comprar gluten productos gratis. Algunos de las comidas comunes que usted normalmente puede tratar de alcanzar para añadirle a su tanate contienen gluten incluyendo:

Roscos

Cereal

Galletas saladas

Pasta

Pizza

Identificando lo que usted sin ningún daño puede chutarse y lo que usted no puede es importante a fin de que usted puede ser un gran marchante. Para ayudarle a sentirse mejor casi todo de esto, foco en lo que usted puede comer y no de lo que usted prescinde.

Recuerde los muchos beneficios de salud que usted

ganará cuando usted comience a sentir su fuerza de
voluntad resbalándose. Lo más usted va a comprar
gluten artículos gratis, lo más regalado en lo que
se convierte. Pronto, estará hábito muy arraigado
para usted cuando usted entra en la tienda.

¡Las Etiquetas Cuidadosamente Leídas!

Las marcas diferentes de productos pueden contener
gluten o no así es que usted necesita familiarizarse
con los productos allí afuera. No ande con prisa
cuando usted va de compras a fin de que usted
puede tomar todo el tiempo usted necesita leer
las etiquetas. Algunos productos dicen gluten
a grapa y los otros digamos mugen gluten.

LAS FRUTAS Y LAS VERDURAS

Cualquier frutas del tiempo y cualesquiera verduras frescas que usted ve en la abarrotería no son procesadas y son gluten a grapa. Usted puede comprar papas dulces y papas blancas como no contengan ningún gluten tampoco. Ambos secan frijoles y los guisantes son aceptables.

LA LECHERÍA

Simplemente casi todo de la leche y el queso que usted encontrará en la abarrotería son gratis de gluten. Hay algunas excepciones aunque así es que usted necesita cuidadosamente leer las etiquetas. Algunos productos de queso procesado tienen trigo en ellos y el queso Roquefort lo hace. Si usted compra el yogur simple allí no es gluten. Sin embargo, si usted compra sabores diversos entonces puede haber así es que siempre puede revisar las etiquetas.

CARNE, PESCADO, CARNE DE CERDO, Y AVES DE CORRAL

Busque cortes delgados, carne de cerdo, y aves de corral. Sólo compre pescado fresco y otras formas de mariscos. Cuando usted tiene a la vista productos enlatados o congelados en esta categoría, muchos de ellos pueden contener gluten debido al procesamiento. Siempre tómese el tiempo cuidadosamente leer las etiquetas. Cuando el uso posible, los productos frescos en lugar de paralizado o enlatado como son mejores para usted.

GRANOS

Seleccione granos que son gratis de gluten. Usted se encontrará con que usted puede escoger las variedades que a usted le gustan también. Hay gluten a grapa opciones con blanco, café, y el arroz silvestre así es que su elección no estará limitado.

CENANDO FUERA

En lo que se refiere a cenar fuera, gaste algún tiempo esperar en línea identificar cuáles restaurantes le ofrecen tales platos. Esto tiene mucha importancia si usted viaja y no está familiarizado con el área. Con la tecnología hoy, usted puede usar su smartphone o una computadora portátil para ver cuál es disponible donde usted acierta a ser.

Si usted no puede hacer eso, pregunte cuándo recala usted acerca de cualquier gluten comidas gratis que pueden ofrecer. Algunas locaciones legan para hacer algo especial para usted. Con más restaurantes intentando apaciguar las necesidades de todo el mundo eso es posible chambearán con usted. Intente recalar en feriado culminante por así es que le pueden proveer de servicio personalizado.

Hay algunas partidas ordinarias que usted puede obtener aunque eso estaría bien. Por ejemplo, mándele al pollo o pesque con un lado de verduras. Usted también puede obtener una papa asada al horno y una ensalada. Usted puede querer preguntarle la clase de petróleo que el pez o el pollo está cocinado adentro sin embargo como algunos de ellos contienen gluten.

Hay un chinguero de gluten en salsas y adobos diversos. Si usted no está seguro son gratis de gluten es mejor evitarlos. Usted los puede pedir para ser puesto al lado y la mayoría de restaurantes estarán felices como una lombriz para acceder. ¡No espere allí ser gluten a grapa pan o galletas saladas aunque tan se asegura de que usted no los trata de alcanzar a menos que usted es positivo!

Está bien consumir champaña y vino tal como están hecho de uvas. Sin embargo, la mayoría de cheve va a estar fuera de límites debido a los granos que usan para hacerlos. Usted encontrará algún gluten que las ofertas libres de la cheve sin embargo en muchos restaurantes así es que no duele para preguntarle. Usted también puede considerar formas diversas de cócteles.

Si el postre es algo que usted sólo no quiere dejar pasar, usted no va a tener que. Hay algo de grandes elecciones en esta categoría también. Si el restaurante es gluten a grapa amistosamente pueden tener los flourless se endurecen disponibles. Usted también puede considerar nieve, nieve, fruta del tiempo, o helado. Son opciones universales tan que hay una probabilidad muy padre que estarán disponibles.

Algunas etiquetas en productos no son tan claras como deberían ser en lo que se refiere a determinar si contienen gluten o no. Si eso es el caso con un producto particular, yerre a favor de la cautela. No compre eso y usted puede hacer alguna investigación en casa acerca de ella. Usted siempre puede comprar ese producto sobre su siguiente corrida de compras si usted encuentra que es en verdad gratis de gluten.

Lo más usted se da cuenta de lo que usted puede chutarse y lo que usted no debería, lo más regalado que es para que usted vaya de compras y para su para cenar fuera sin estrés o preocuparse. Vea apéndice

1 para un para enlistado para ayudarle como usted chambea ponerse más familiar con sus opciones.

Divida En Capítulos 5 Recetas

Es una buena idea añadirle los siguientes artículos a su lista de compras y mantenerlos a la mano en su cocina. Son comúnmente designados pues en gluten a grapa recetas. Usted también los puede usar cuando usted escasea en artículos de comida para que su menú haga algo.

- El gluten la mezcla libre de horneado
- El gluten las galletas saladas gratis
- El gluten las gratis migajas de pan
- El gluten la harina gratis
- El gluten los bocadillos gratis
- Guar Gum
- Quinoa
- Arroz (dórese o blanco a merced de su preferencia)
- Xantham Gum

Con estos artículos usted también las puede usar algunos de sus recetas favoritas pero con un gluten a grapa valor para ellas. Puede ser ambos divertido y productivo para ponerse creativo con esas recetas. Aquí hay algunos grandes consejos para comenzar con tales reposiciones:

- Carpetas – Use Xanthan Gum, Guar Gum, o gelatina.

·   Empanizando – el Trigo o el gluten las
gratis migajas de pan o las martajadas
hojuelas de patatas fritas.

·   Harina – Use gluten a grapa mezcla harinera
o fécula de maíz. Queda muchísimas opciones
a considerar incluir amaranto y el sorgo.

·   Engrosamiento – Use fécula de maíz o
gluten a grapa horneando mezcla. Para una
receta dulce, use mezcla seca del pudín.

La internet es un recurso a toda madre para encontrar
gluten diversos a grapa recetas para probar. Usted
disfrutará de los sabores nuevos y usted ganará
más confianza en esta elección de estilo de vida
como usted pueda crear comidas usted y su amor
familiar. Usted también puede comprar gluten a
grapa libros de cocina, revistas, o recetas de cambio
con otros que también se chutan gluten a grapa.

Aquí hay algunas buenas ideas para largarle. Pruebe
algunas recetas nuevas y cree un archivo para esos
que a tú en realidad le gusta. Como su archivo crece
usted puede asegurar un titipuchal de variedad en
su dieta así es que usted no se siente restringido o
aburrido por ahí chutándose la misma cantinela.

LAS IDEAS DEL DESAYUNO

El yogur es una gran opción pero asegúrese de que sea gluten a grapa tantas variedades no es. Ambos Stonyfield y Chobani están homologados por el Grupo del Gluten Intolerant. Usted puede destinar el yogur como una base para una persona de mucha labia y de fino vestir deliciosa que saborea también.

Hay marcas diversas de gluten a grapa cereal por General Mills y

El camino de la naturaleza. Si a usted le gusta el cereal caliente considere Crema de Alforfón. Hay también avena que se certifica para ser gluten a grapa. Los blanquillos que son fritos o revueltos son una gran forma para largar el día debido a la cantidad de proteína que ofrecen.

LAS IDEAS DEL ALMUERZO

La carne del almuerzo es una gran elección para un gluten conveniente y a grapa opción, pero asegúrese de que no sea tramitada. Una ensalada puede ser una elección que trabaja para usted debido a todo las verduras. Usted tiene que ser precavido sin embargo tan algunos de que los artículos de queso y los aderezos diversos pueden tener gluten en ellos.

Nachos consistente en tortilla pía y algún queso derretido que es gluten a grapa está un cambio de su almuerzo antiácido y muy apetitoso. La mantequilla de maní en gluten el pan gratis es otra gran consideración.

LAS IDEAS PARA LA CENA

Recueste cortes incluyendo carne roja, carne de cerdo, y las aves de corral son grandes elegidas. Usted también puede consumir pescado fresco u otros mariscos. Sumar verduras frescas y su elegido de papas le ofrece una comida a toda madre sin gluten en un decir amén. Usted también puede reemplazar las papas con su elección de gluten a grapa arroz.

LAS IDEAS DEL BOCADILLO

El gluten los bocadillos gratis de los que usted puede disfrutar entre comidas le mantendrá en pista. Corte en pedazos fruta del tiempo y verduras así es que usted los puede pepenar y puede ir. Usted los puede empacar para ingerir el coche o tener en su escritorio al chambear.

Hay lo suficiente de tipos de queso eso no contiene gluten, y están a toda madre para taquear. También le ayudan a obtener su calcio. Con ciertos sabores de queso usted necesita ser precavido como pueden tener algún gluten en ellos así es que siempre pueden leer el embalaje. Los niños parecen de a devis disfrutar de esas varas de queso individualmente envueltas.

Mientras usted sólo debería consumir patatas fritas en la moderación, son también gluten libre en lo que se refiere a muchas variedades incluyendo la mayor parte de esos propuesto por Frito Lay. Para un bocadillo más bajo de caloría considere esquites. Haga algo de blanquillos del hardboiled y consúmalos cuando usted necesita un bocadillo. Le darán un titipuchal de energía.

LAS IDEAS DEL POSTRE

Ambos niños y adultos disfrutan del postre, y usted no tiene que eliminar él debido a un gluten a grapa dieta. Las marcas diversas de pudín son gratis de gluten y usted tendrá una colección variada de sabores entre los que seleccionar. El helado también puede ser un gusto a toda madre pero usted necesita prestar atención para las etiquetas. Tantas variedades de helado estos días están apiñadas con dulces así es que usted necesita ponerle atención a lo que está allí.

CRUCE INFICIÓN

Tiene mucha importancia que usted piense acerca del riesgo de infición cruzada en su cocina así como también esos de otros que preparan gluten a grapa comidas para usted o su familia. Si las mismas herramientas se usan para preparar tales artículos como eso eso tienen gluten entonces puede haber algo de infición.

Aun un poco de gluten puede ser peligroso para ciertos individuos tanto importa tiene que estar ocupado para impedir esto. Es una razón más por qué cambiando a la familia entera para un gluten a grapa dieta puede ser la mejor opción para considerar.

DÍAS DE FIESTA

Pues las muchas personas, los días de fiesta pueden estar pelón debido a las restricciones de la dieta. Pueden haber argüendes a los que asistir y los acontecimientos diversos donde usted tiene que tener mucho cuidado lo que usted come.

Usted puede decidir hacer para la cena en los tuyos dirigirse hacia el blanco y ofrecer un gluten a grapa comida con todo. Es ciertamente una opción considerar. Prepárese ti mismo para los días de fiesta y tenga algunos artículos que usted puede llevar consigo para bocadillos con usted en caso que un acontecimiento no es gluten a grapa amistosamente.

Capítulo 6 el Soporte

Su decisión para ser gluten a grapa es una de la que usted debería sentirse orgulloso sin importar por qué usted ha hecho esa decisión. Es una buena idea obtener un sistema de soporte en el lugar nomás usted puede acerca de ella. La parte con su familia, sus amigos, y los compañeros de trabajo acerca de su estilo de vida cambian y qué conlleva. Usted se admirará agradablemente de las muchas personas que le mantienen y aun piensan acerca de hacer el cambio para su grupo familiar.

Cuéntele a sus proveedores del healthcare sobre tales cambios demasiado si no lo han promulgado debido a una necesidad médica. Usted se encontrará con que la mayoría de profesionistas médicos son muy solidarios de este tipo de cambio dietético.

Estar bien informado es importante así es que usted debería considerar revistas, libros, y sitios Webes. Sin embargo, usted necesita asegurarse de que usted completamente explore la credibilidad de tales recursos o usted sacará en limpio tanta información conflictiva que puede hacer su cholla el giro.

Si usted tiene preguntas, hay algo de organizaciones muy padre donde usted puede dirigir sus preguntas. Incluyen al Celiac Disease Foundation y el Gluten Intolerance Group.

Queda muchísimos foros en línea donde usted puede obtener soporte y puede conocer personas nuevas. Usted lo puede encontrar útil para poder hacer preguntas de esos que también son aprobados cambios similares en su estilo de vida.

Pudiendo compartir recetas, para desahogarse cuándo es usted desalentado, y calmado para poder tener algún ánimo cuando usted en realidad lo necesita es importante. Usted también le puede ofrecer el soporte a los otros de vez en cuando así es que se convierte en un toma y daca.

No valore en menos este carácter de imprenta de soporte como ayude a educar a las personas acerca de gluten las dietas libres. El volumen de las masas también le puede echar porras a más gluten a grapa productos en restaurantes y abarroterías.

Si usted tiene hijos, asegúrese de que sus adultos a cargo de un infante y sus maestros saben que están en un gluten a grapa dieta. Usted puede necesitar enviar a su niño con su almuerzo diariamente como la escuela o menú del almuerzo daycare no puede reflejar esta elección.

Usted puede necesitar proveer bocadillos también excepto si usted siente así de es el método correcto para su grupo familiar en ese entonces su adulto a cargo de un infante y la escuela debería chambear con usted. Revise para ver si hay cualquier gluten a grapa cocinando clases ofrecidas en su comunidad.

Ésta puede ser una gran forma para aprender algunos métodos nuevos de cocina, intentar algunas recetas deliciosas, y hacer algo de amigos terríficos con los que usted puede contar para ayudarle como usted los ayuda a imponerse a estos cambios dietéticos. Usted puede encontrar que chambear con un dietista es útil también.

Capítulo 7 la Conclusión

A merced de lo que usted actualmente come, cambiándose a un gluten el libre estilo de vida puede ser un cambio moderado o un cambio significativo. Con la información correcta, usted puede aceptar esos cambios y puede volverse muy consciente de lo que usted puede comer y de lo que usted necesita capearse.

Para muchos individuos, se encuentran con que ya han estado consumiendo un titipuchal de comidas en este enlistado. Aumentar el libro de frutas del tiempo y verduras que consumen al hacer más pequeña la toma procesaron comidas es la mejor locación para largar. Tome los cambios un paso a la vez a fin de que usted pueda enfocar la atención en ellos.

Edúquese a usted mismo acerca de los porqué un estilo de vida del gluten sirven para usted y obtenga soporte a todo alrededor de usted donde usted puede. Entérese de las comidas para chutarse, donde usted puede ir de compras localmente, y aun los proveedores en línea que tienen el libre o punto bajo cuestan el embarque en los artículos que usted no puede encontrar localmente.

Entérese de restaurantes que ofrecen gluten a grapa comidas así como también artículos seguros que usted puede obtener de restaurantes estándar. Cabe vivir gluten a grapa y sentirse de lo mejor acerca de su decisión a hacer eso. No tiene que ser caro y no tiene que ser difícil.

Las buenas noticias son que hay más conciencia allí afuera acerca de ella que en el pasado. Más abarrotería almacena y los restaurantes aceptan las necesidades de este sector de consumidores. En lo que se refiere a lo que usted come, la elección es siempre tuya.

Sin embargo, las muchas personas en nuestra sociedad hoy no se chutan lo que deberían para su salud global y su bienestar. Con una dieta que consiste en un titipuchal de comidas tratadas que usted abre arriba de la oportunidad para los problemas chonchos de salud que puede reducir su calidad de la vida y también su lifespan global.

Un gluten que la dieta libre no va a hacer daño usted como muchas dietas de moda pasajera expulsará allí. Esto debería estar promoviendo información si usted cambia de decisión para este tipo de estilo de vida porque usted quiere en vez de porque usted médicamente tiene que.

No es nunca demasiado tarde para cambiar sus hábitos y comenzar con un gluten dieta libre que marcha bien para usted. ¡Este tipo de dieta puede trabajar para su familia entera y ellos no tendrán la impresión de que estén desaprovechando cualquier cosa! ¡Considere tales cambios una inversión en su calidad de la vida, su longevidad, y su oportunidad para de a devis guiar por el ejemplo para sus niños!

Es estimado por 2015 eso habrá más que $5 billón anualmente pues las ventas de gluten emiten productos. Ésta no es una tendencia pasajera, éste es un cambio de estilo de vida y un estilo de vida para muchas personas. Las posibilidades continúan aumentando y eso da facilidades para aceptar este tipo de vida con facilidad y fuera ella ser un empeño caro.

La apéndice 1

Usted no quiere estar el segundo adivinándose a usted mismo todo el tiempo en lo que se refiere a chutarse gluten a grapa. Entenderlo bien cuesta menos esfuerzo que lo que usted piensa una vez que usted aprende el principio básico de todo eso.

No se preocupe, se quedará más regalado y usted
gastará menos etiquetas de lectura de tiempo e
investigación de conducción conforme pasan los días.

Usted puede consumir cualquier gluten a
grapa productos del grano incluyendo:

Amaranto

Alforfón

Harina de maíz

Harina de maíz

Sémola gruesa de maíz

Mijo

Montina

Quinoa

Arroz (dórese, blanco, enriquecido, o basmati)

Sorgo

Soja

Aceite vegetal

Las Grapas Comunes:

Queso (la mayoría de preparados pero lectura
las etiquetas)

Frijoles

Mantequilla

Carnes magras

Legumbres

Fruta del tiempo

Los mariscos frescos

Las verduras frescas

Margarina

Leche

Yogur (francamente, la lectura las etiquetas
en condimentado)

Cualquier de los siguientes ingredientes diversos:

Achiote

Dextrosa

El Jarabe de Glucosa

Lactosa

Lecitina

Malodextrin (puede ser consumido
aún cuando se hace de trigo)

La goma de avena
Dióxido De Silicio

El almidón

Surcose

Vinagre (excepto vinagre de malta)

Capí-
tulo

[?]
La Historia de Vegetarianismo[?]
El Vegetarianismo en la Religión[?]

Hinduismo[?]
Otras Religiones[?]

CAPÍTULO 1

LA HISTORIA DE VEGETARIANISMO

Para tener una buena comprensión de ser una comida vegetariana, vegetariana, y cocinar ayudará a enterarse de los orígenes de Vegetarianismo. El vegetarianismo puede ser llegado a ubicar a la sociedad egipcia antigua donde muchas sectas religiosas se abstuvieron de chutarse carne o llevando puestas arropar eso estaba hecho de pieles animales haga para sus creencias en la reencarnación. La costumbre también podría encontrarse en Grecia antigua. Más notablemente, el estudioso afamado Pitágoras, sabido pues sus coperachas en el campo de matemáticas creyeron a ese ser una vegetariana fue una parte esencial de ser una buena humana y lo harían ayuda pista para una existencia tranquila. La idea de ser un vegetariano fue debatida en forma acalorada por los griegos a todo lo largo de su civilización. Ésta fue una idea que los romanos no compartieron con los griegos. Los romanos vieron a los animales como una fuente de comida y el entretenimiento para las masas.

EL VEGETARIANISMO EN LA RELIGIÓN

Apegarse a una dieta vegetariana es central para muchas religiones. Budismo le muestra la bondad a todas las criaturas y sus creyentes creen que muchos animales asústese para el cual proveen para los humanos ya sea eso es leche o como los animales de chamba para ayudar a arar campos. Los seguidores de Cristiandad tuvieron diferentes puntos de vista cuando vino a ser un vegetariano. Los cristianos creen que los humanos le imperan a todo otro criaturas en Tierra queriendo decir que creen que los animales están aquí para su uso ya sea eso quiere decir como bestias de carga o como una fuente nutritiva. Sin embargo, eso no quiere decir que todos los cristianos son carnívoros. A lo largo de la historia, las sectas diferentes de cristianos se han separado de las creencias representativas de la mayoría y han predicado un vegetariano estilo de vida. El vegetarianismo jugó un papel crucial para cristianos en Eastern Europe; Entre estos grupos fuera los Bogomils que se rebelaron en lo 900 en qué sea el día ahora moderno Bulgaria. Los Bogomils se vieron como herejes porque denunciaron lo que vieron como los excesos de monasterios y la Iglesia Ortodoxa Del Este; Desecharon al mundo físico y abjuraron el consumo de blanquillos, carne, y queso tan conducidos a ellos para conducir un vegetariano estilo de vida.

HINDUISMO

Mientras no el vegetarianismo de costumbre de todo hindú una porción sustancial de los seguidores de la religión hasta 35 por ciento apéguese a un vegetariano estilo de vida. Eso eso viven como los vegetarianos creen que la idea de no violencia se aplica a los animales y eso evitando la matazón de animales que no le causarán el karma malo a su familia. La influencia de vegetarianismo sobre la religión hindú provino de su brahmanismo antecesor en el cual la violencia en contra de animales se controló estrictamente con sus Sagradas Escrituras sólo permitiendo la matazón de animales para el sacrificio religioso.

Además, los puntos de vista de brahmanismo son al, http://en.wikipedia.org/wiki/Dharma%C5%9B%C4%81stra que denunció la matazón de animales y el consumo de carne a menos que fuese realizado en un sacrificio religioso correcto realizado por sacerdotes. Hoy, la matazón de animales basados en que estos principios mero se han tratado de un fin.

OTRAS RELIGIONES

Otras religiones principales en todo el mundo a incluir judaísmo, Cristiandad, y mahometismo tienen a los seguidores que se apegan a una dieta vegetariana, pero las religiones no tienen una política estricta concirniéndole el consumo de animales. Sin embargo, en lo que se refiere a judaísmo y seguidores de mahometismo de estas religiones no consumirá carne a menos que haya sido matado a través del método tradicional del halal para musulmanes y el método autorizado por la ley judía para seguidores de judaísmo. Mientras ambos de estas religiones dejan a sus seguidores chutarse carne que ha estado preparada en la manera correcta ambos evitan chutarse carne de cerdo, y carne de animales carnívoros para incluir a las aves de rapiña.

SHAPE

CAPÍTULO 2

LOS TIPOS DE VEGETARIANOS

Si usted espera unírsele al vegetariano estilo de vida, hay opciones diferentes de las cuales usted puede escoger. Estas opciones diferentes le dan la oportunidad para aliviar su forma en la escena sin tener que decidir precipitadamente el fin profundo sin chaleco salvavidas. Usted ya no tiene que tomar la decisión de jurar renunciar a la carne en bloque para ser un vegetariano y usted puede elegir ser uno de los tipos de cuatro.

EL VEGETARIANO / VEGETARIANO ESTRICTO

Los vegetarianos estrictos están también conocido como vegetarianos y como su nombre entraña, no se chutan ningún producto que se deriven de animales, para incluir queso, blanquillos, y crema. Los vegetarianos reemplazarán los nutrientes que se encuentran en comida que viene de animales con productos alimenticios diferentes. Por ejemplo, los vegetarianos usan tofu para reemplazar carne que puede encontrarse en un plato junto con el uso de planta la crema y la leche de la planta. Los nutrientes que los humanos obtienen de blanquillos y quesos son reemplazados con la sustitución de compota de manzana y ciertas semillas molidas les gusta la fibra de lino.

Los vegetarianos estrictos también tienen sus variaciones de comidas que las personas que come carne consumen. Si usted se toma el tiempo para visitar su tienda naturista local, usted no tendrá paquete encontrando embutido vegetariano, hamburguesas vegetarianas, croquetas de pollo vegetarianas, y tocino vegetariano. Para reemplazar qué nutrición que se no perdió por no comiendo expertos en nutrición de carne hágale la valona a que los vegetarianos tienen un mínimo de tres porciones un día de verduras que incluyen lo verdeoscuro y la hortaliza de hojas comestibles como la espinaca y el brócoli, junto con verduras como zanahorias.

Para fomentar su ingestión nutritiva expertos en nutrición hágale la valona a que los vegetarianos estrictos también consumen al menos cinco porciones un día de granos enteros le gustan la pasta, el pan, y el arroz. Para acceder con líneas directivas del experto en nutrición los vegetarianos estrictos también deberían tener tres porciones de fruta y en menos dos porciones de frijoles, los guisantes, o las lentejas.

LA SALUD SE BENEFICIA

Los estudios de investigación han demostrado que las personas que se apegan a una dieta vegetariana estricta y siguen las porciones nutritivas recomendables tienen un riesgo más bajo de enfermedad cardiovascular así como también los niveles más bajo de obesidad. Los estudios también han demostrado que una de verdad dieta vegetariana ejecutada es segura para todo lo que edades de vida humana, junto con situaciones que ponen más necesidades nutricionales en el cuerpo humano como el embarazo. Por otra parte, si un vegetariano estricto no sigue una de verdad dieta planificada pueden padecer de escaseces de ácidos grasos de vitamina B12, Omega-3, vitamina D, hierro, cinc, entre otros minerales y vitaminas extremadamente importantes. Para antagonizar acto algunos de las deficiencias que pueden cursar con ser un vegetariano estricto que es recomendado que los vegetarianos se chuten comidas que son ricas en vitamina B12 o se requieran un suplemento de vitamina B12 para asegurar que los niveles de la jamaica mantiene sus niveles normales. La razón para esto es que la vitamina B12 es esencial para la formación de glóbulos rojos nuevos, síntesis de ADN, y función neurotóxica correcta. Por ahí no consumiendo la dosis recomendable de vitamina B12 vegetarianos estrictos está con la vida en un tiento que para una colección variada de problemas de salud incluyan anemia.

Esto es especialmente crítico en vegetarianos estrictos que se embarazan. Las mujeres vegetarianas deberían suplementar su dieta con B12. Los niveles bajos de B12 al darle el pecho han sido asociados a problemas neurológicos en niños. Es también importante durante el embarazo que un vegetariano estricto debe asegurar que siguen las porciones diarias recomendables porque consumir una dieta vegetariana ha sido vinculada para mugir pesos al nacer en recién nacidos.

EL VEGETARIANO LACTO

Los vegetarianos Lacto entienden la mayoría de las recomendaciones dietéticas de vegetarianos estrictos excepto que consumen leche, queso, yogur, y untan con mantequilla pero no blanquillos. Este tipo de dieta vegetariana es popular en India. El vegetarianismo Lacto está de acuerdo con las religiones del este como hinduismo, Sikhism, y budismo y su creencia en la no violencia. El hindú creo que usted es afectado por el tipo de comida que ustedes consume y siendo unas ayudas del vegetariano del lacto ellas mantienen una paz interior de por ahí no consumiendo la carne de cualquier animales.

LA SALUD SE BENEFICIA

Este tipo de dieta vegetariana es bueno para personas que quieren agallandarse sus niveles de colesterol en un número aceptable. Pueden hacer esto porque los vegetarianos del lacto se abstienen de chutarse al pez y las yemas de huevo que están drogadas en colesterol. Algo así como vegetarianos estrictos, esos que eligen convertirse en vegetarianos del lacto deberían mantener una dieta correcta con las porciones recomendables de verduras, legumbres, granos enteros, y frutas. También deberían respaldar sus selecciones de comida con suplementos vitamínicos como B12, yodo, y colina.

Además, mientras el vegetariano está a dieta ha sido estimado saludable para todas las edades, las mujeres encintas deberían asegurar que ponen todo la nutrición recomendable. Si no lo hacen, ponen a su recién nacido en peligro para el peso al nacer bajo, los desgarriates neurológicos, y los problemas de vista. Ellos remedio pueden evitar estos problemas llevando consigo dichas vitaminas y minerales con suplementos DHA para ayudar el desarrollo de la vista de recién nacidos.

LACTO OVOVEGETARIAN

Una persona que elige convertirse en un lacto ovovegetarian es una vegetariana que no se chuta carne sino consume productos lácteos y blanquillos. Este tipo de dieta vegetariana es más común en la cultura de la novela del Oeste. Éste es también el tipo más común de vegetarianismo que está alcahueteado en restaurantes representativos de la mayoría. Esto quiere decir que si usted va a ir para la cena con alguien que es un lacto ovovegetarian que usted no tiene para buscar un restaurante que está exclusivamente dispuesto a ofrecer a vegetarianos porque la mayoría de restaurantes tendrán opciones vegetarianas disponibles en su menú.

Este tipo de vegetariano estilo de vida es popular con adventistas del séptimo día. La Séptima iglesia del Adventista de Día le hace una valona a que sus seguidores se chutan una dieta que es rico en enteramente pan del grano, el cereal, y la pasta. También exige el uso liberal de verde hortaliza de hojas comestibles y frutas junto con una cantidad modesta de frutos secos, frijoles, y semillas. En lo que se refiere a consumir adventistas del séptimo día de productos lácteos le aconseja a sus seguidores a escoger las variedades pingües bajas de leche, el yogur, y el queso y lo hacen tiene previsto el consumo de blanquillos.

LA SALUD SE BENEFICIA

Como otro determina el tipo sanguíneo de vegetarianismo,
ser un lacto ovovegetarian tiene beneficios saludables. Lacto
ovovegetarian consuma una dieta que está más abajo en sat-
urado las grasas y el colesterol que las dietas tradicionales que
incluyen el consumo de carne, que pueden auxiliar en reducir
el riesgo de aterosclerosis y el rebajamiento le dan a saborear
la sangre presión. Algunas personas que padecen de diabetes
mejor pueden normar sus niveles de glucosa de la jamaica a
través de la implementación de una dieta vegetariana. Esto es
posible a través del consumo de comidas vegetarianas como
legumbres, fruta, y verde hortaliza de hojas comestibles que
puede hacer su cuerpo humano más receptivo para insulina.
Además, la dieta vegetariana es bajo en grasa y a gran altura en
fibra, lo cual a su vez le puede ayudar a mantener un peso saludable más allá niveles controlantes de glucosa de la jamaica.

Además, así como ser de ayuda pues personas que padecen
de diabetes, un vegetariano está a dieta también ha sido
mostrado para aminorar el riesgo de una persona para cáncer.
Las comidas vegetarianas están llenas de antioxidantes y
phytochemicals, lo cual ha sido mostrado para aminorar
el riesgo de cáncer. A este efecto, la carne consumidora
ha sido mostrada para aumentar la probabilidad de una
persona de obtener el cáncer de próstata y de dos puntos.
Adicionalmente, los estudios han salido a la vista eso
está a dieta a gran altura en grasa ha sido asociado

a un riesgo más alto de cáncer de mama.

FLEXITARIAN

El término " flexitarian " es relativamente nuevo y se usa para describir a las personas que siguen una dieta vegetariana para la mayor parte pero ocasionalmente se chutará carne. Usted podría conocer a las personas que se llaman el semivegetariano, éste es lo mismo como ser un flexitarian. Ésta podría ser una buena opción para alguien que hace la transición de ser una persona que come carne para un vegetariano. Usted puede procurar evitar chutarse carne, pero si usted quiere hacer una parte pequeña quebrarse, a su visto bueno y a usted no los gustarán que usted haya fallado. Un acuerdo intermedio que algunos flexitarians hacen al chutarse carne es que cuando se chutan carne sólo se chutan a los animales que se han criado orgánicamente o el alcance libre.

Ser un flexitarian ha venido bien algo de una discusión en la cultura vegetariana. Algunos vegetarianos sienten eso a cualquier consumo de cualquier productos de carne se le prohíbe estrictamente, mientras los otros han aceptado la idea que cualquier reducción en personas consumiendo animales es un positivo. El beneficio de ser un flexitarian es que usted puede hacer proteína esencial pasar a través de carne y podrá ser menos propenso para necesitar fuera de suplementos mantener niveles saludables de vitaminas y los minerales.

CAPÍTULO 3

LOS ESTADOS UNIDOS

En un estudio reciente que fue realizado, era determinado tan justo sobre tres por ciento de americanos es vegetariano o aproximadamente nueve millones de personas. Tres millones de esos que mantuvieron ser vegetarianos se identificaron ellos mismos como vegetariano queriendo decir que no se chutan ningún producto que vengan de animales para incluir productos lácteos y cualesquier blanquillos. Adicionalmente, mero diez por ciento de adultos de Estados Unidos o treinta millones manifestaron que siguen una dieta en su mayor parte vegetariana.

La mayor parte de adultos tan indicados que siguen una dieta vegetariana si estuviese hembra en sesenta por ciento con varones en cuarenta por ciento. Hubo también una mayoría leve pues las personas envejecieron dieciocho para thirtyfour sugiriendo eso la decisión para convertirse en un vegetariano tiene un año de edad que las tomas colocan a primera hora de la vida. El principal motivo para decidir convertirse en un vegetariano fue salud le concierne, con más de donación de cincuenta por ciento que la razón.

ORÍGENES

El vegetarianismo en los Estados Unidos estaba endosado por la Convención Estadunidense de Salud en 1838. Sin embargo, los vegetarianos quedaron algo de un enigma en la sociedad estadunidense con sólo un por ciento de la población apegándose a una dieta vegetariana arriba hasta 1971. Este porcentaje se ha triplicado durante los últimos cuarenta años con ahora sobre tres por ciento de americanos siguiendo una dieta vegetariana. Este número es sólo seguro para crecer como los padres vegetarianos inician a sus niños en el estilo de vida.

Hay algunos estudiosos que señalan el año 1971 como el nacimiento de vegetarianismo en los Estados Unidos debido a la liberación de la *Dieta* del libro *para un Planeta Pequeño* por Francis Moore Lappé.

LAS COPERACHAS LITERARIAS IMPORTANTES

En *la Dieta para un Planeta Pequeño*, Lappé hace el caso para conservar comida después de que ella se enteró de que requiere catorce veces la cantidad de grano para alimentar un animal se comparó a la cantidad de carne que se consumió del mismo animal. De hecho, ella determinó a ese ganado consuma acerca de ochenta por ciento de todo el grano que es producido en los Estados Unidos, lo cual lo saca de los buches eso podría alimentarse en un precio muy más bajo que lo que la carne animal pueda.

Lo tempranero 1970 también el serrote la popularidad de sojas aumenta en los Estados Unidos. El crédito principal para esto puede ser rastreado para una granja vegetariana de la comuna en Tennessee que recibió el título poco imaginativo " La Granja ". La soja basó tofu del producto fue traído a la atención de la tradicional América a través de la publicación del *Libro de Cocina De Campo*.

Como el siglo veinte llevó puesto en más libros era publicado acerca de ser un vegetariano. En 1987, John Robbins publicó la *Dieta* del libro *para un New America*, lo cual fortalecido en estudios que se habían hecho en vegetariano está a dieta junto con añadirse información nueva y eso presentó la información en una manera objetiva. Una de la cañería maestra apunta que *la Dieta para un New America* hecho fue el contraste entre la salud se beneficia de ser un vegetariano para cómo chutarse una dieta basada en carnes conducida a una incidencia más alta de problemas médicos como la hipertensión, la enfermedad cardiovascular, y algunos cánceres.

La tendencia de publicar nuevos descubrimientos en la salud y el vegetarianismo continuó en lo 1990, lo cual vio la publicación de *Dr. El decano Programa el Ornish para Poner Al Revés Enfermedad Cardiaca* en 1990. En esta publicación, Dr. Ornish se reveló a través de su investigación cómo podría ser la enfermedad del corazón puesta al revés a través de la implementación de una dieta en su mayor parte vegetariana, baja y pingüe. Estaba durante el 1990 ese la Asociación Dietética Estadunidense comenzó a propugnar los beneficios de una dieta vegetariana para sus beneficios en la salud y ayudar con aminorar niveles de glucosa de la jamaica en personas que padecen de diabetes.

INGLATERRA

El vegetarianismo en Inglaterra tiene una historia larga y distintiva. Aun antes de que el término " vegetariano " fuese acuñado allí donde personas en la iglesia que apoyó una dieta que fue libre de carne animal. Una de la primera parte da servicio en la iglesia por que los oficiales para defender una dieta a grapa de carne fue el líder del Bible Christian Dan Servicio en la Iglesia, Reverend William Cowherd. Para el Boyero Reverendo, el consumo de carne animal fue algo que no estaba de acuerdo con la orden natural de mundo y podría conducir a la agresión.

La idea que siguiente una dieta vegetariana fue moralmente virtuosa percibida en Inglaterra. Esto puede verse con la formación de la Sociedad Vegetariana el 30 de septiembre de 1847 en Ramsgate, Kent. La sociedad inmediatamente tuvo sobre cien señal de personas hasta sean miembros, un número tan rosado para sobre doscientos cincuenta el año subsiguiente. La idea de vegetarianismo se propagó de volada a campo traviesa y por ahí 1849, el boletín de prensa Vegetariano de Sociedad *El Mensajero Vegetariano* tuvo una circulación de aproximadamente cinco mil.

EXPANSIÓN

El vegetarianismo en Inglaterra se propagó relativamente rápido, 1877 vieron la formación del London Food

La sociedad de reforma, que no sólo juró renunciar a la carne animal pero el alcohol y el tabaco. Las reuniones vegetarianas fueron sujetadas que todo a través de Gran Bretaña, de Glasgow para Londres y Liverpool, el movimiento se pusieron tan influyentes que aun un hotel vegetariano fue abierto en Birmingham a la vuelta del siglo veinte.

A todo lo largo del vegetarianismo del siglo veinte continuado para cultivar a todo lo largo de Inglaterra, con interrupciones para el vegetariano está a dieta debido a la Primera Parte y las Segundas Guerras Mundiales. Fue tras del Segundo Guerra Mundial, en lo 1950, ese vegetarianismo en Inglaterra comenzó a prosperar otra vez. Los restaurantes en Londres arrancaron adentro incluyen selecciones vegetarianas, lo cual no sólo tentó a los vegetarianos a sus restaurantes pero también les dio a los clientes la oportunidad para probar algo nuevo. Los restaurantes ofreciendo opciones vegetarianas en sus menús coincidieron con clubes y sociedades vegetarianas a campo traviesa comenzando a trabajar hombro a hombro y apagando un mensaje común acerca de los beneficios de vivir un vegetariano estilo de vida.

Así como en el Estados Unidos, los profesionistas médicos, los doctores y los investigadores se volvieron involucrados en investigar la dieta vegetariana. Antes De Dr. El decano Ornish en los Estados Unidos, Dr. Frank Wokes estudió la dieta vegetariana en Inglaterra empezando lo 1950. Su investigación, como Dr. De Ornish eso debió entender mostrado los beneficios de chutarse una dieta vegetariana y su ayuda con pérdida de peso y aminorar el riesgo de problemas cardiacos en personas que se chutaron una dieta basada vegetariana. Hoy, restaurantes vegetarianos pueden ser encontrado todo a través de Inglaterra.

INDIA

Quizá ningún otro país en el planeta es tan apretadamente
asociado con arte culinario vegetariano que India.

Los indígenas han estado apretadamente vinculados con
vegetarianismo datando del nacimiento de budismo
y su énfasis sobre la no violencia. Su creencia en la no
violencia va aparejado con su reverencia para vacas y
verlos como un animal que les tiene prevista así es que
su carne no debería ser consumida por humanos.

Eso no debe decir que todos los indígenas son vegetarianos
pero eso disfruta de la popularidad en muchos de los estados
de India. Muchos estados indios tienen a las poblaciones
que son sobre vegetariano de cincuenta por ciento con más
estados simplemente debajo de ese nivel, en un país que tiene
sobre un billón de personas; Parte rumbo a un chinguero
de vegetarianos. El estado que ostenta el vegetariano por
ciento más abrumador, de mero setenta por ciento de
es Gujarat localizado en la costa occidental de India.

GUJARAT

Su comida de la mañana está usualmente hecha de arroz, lentejas, roti, y verduras, por la noche una comida favorita es conocida como khichdi kadhi, lo cual es un plato hecho de arroz y lentejas. Sin embargo, sus selecciones de comida no son justamente limitadas a arroz y lentejas. Las grapas de arte culinario de Gujarati incluyen cereal, suero de la leche, frutas, verduras, yogur, salsa chutney, ghee, y encurtidos junto con condimentos diversos que son usados durante *la preparación* de comida.

ANDHRA PRADESH

El estado sureño de Andhra Pradesh está también bien conocido para sus platos vegetarianos. El arte culinario Andhra Pradesh es infundido con el uso de variedades diferentes de encurtidos que están disponibles a las veces diferentes del año. Es también sabido para su sabor fuerte, por lo que usted encontrará cuajada servida muy a menudo con comidas como un balance del mostrador. Como el arte culinario que sea encontrado en Gujarat, grapas de comida en Andhra Pradesh es arroz, las lentejas, y las verduras diversas.

PUNJAB

La región de Punjab de India es conocida para su diversidad en la preparación de comida, ésta incluye muchos platos vegetarianos. El arte culinario penjabo incorpora el uso de ghee, o la mantequilla clarificada, junto con arroz cocinado en jugo de la caña de azúcar. La mayor parte de los platos incluyen harina integral con el uso de ajo y el jengibre para madurar. Como otras regiones y estados en India, usted encontrará platos que tienen lentejas y están servidos con cuajada para sacar un poco de comida del sabor fuerte. Usted también encontrará platos que están preparados usando suero de la leche así como también el uso de frijoles rojos y negros.

ALEMANIA

En el pensamiento de primera parte, uno no podría pensar acerca de Alemania como tener a una población vegetariana considerable, especialmente con ella teniendo fama para su embutido y schnitzel. Sin embargo, los estudios recientes han demostrado que la población de Alemania es sobre vegetariano once de por ciento, cuál es un mayor por ciento del vegetariano demográfico que es que aun el Estados Unidos.

Algunos de este crecimiento en el vegetarianismo es Alemania puede ser rastreada para su diversidad demográfica creciente. Según el gobierno nuevo los datos, mero uno en cinco alemanes ha inmigrado para Alemania. Esta diversidad creciente había agrandado la variedad de comidas que están disponibles en supermercados alemanes así como también agrandando el surtido de restaurantes que están dispuesto a ofrecer a inmigrantes y alemanes nativos.

Ir a comprar comidas vegetarianas en Alemania puede ser un poco tramposo si usted no está familiarizado con el lenguaje o tiene un alemán nativo para ayudarle a escoger los itacates correctos. Esto es porque a diferencia de países como los Estados Unidos e Inglaterra, Alemania no tiene al sistema para etiquetar su comida como vegetariano. Así que si usted se encuentra en este paquete obtenga un buen tumbaburros alemán así es que usted podrá elaborar lo que los ingredientes están en el itacate de comida que usted qué comprar.

Si usted elige tomar sus comidas en un restaurante, usted no debería tener ningún problema encontrando selecciones vegetarianas al menú. Esto es especialmente cierto si usted visita cualquiera de las ciudades grandes a campo traviesa. Sin embargo, aun las más pequeñas casas de comidas en partes rurales del país tienen al menos una selección disponible en su menú.

CAPÍTULO 4

LA COMIDA VEGETARIANA Y SU SALUD

La alternación para una dieta vegetariana puede ser una forma
excitante y divertida a lograr un más saludable estilo de
vida. Como previamente hemos aprendido, los vegetarianos
no se chutan carne, avícola, o el pez. Aunque algunos se
chutan lechería o blanquillos. Si usted elige entender una
de estas dietas y estos estilos de vida, usted encontrará
eso sus riesgos de contraer ciertas enfermedades caerá.

ENFERMEDAD CARDIOVASCULAR

Los estudios que han sido propagados en vegetarianos han demostrado que tienen niveles más bajo de colesterol que pueblan quién consume carne roja. Esto es porque el colesterol se encuentra en productos animales para incluir leche y blanquillos. Por consiguiente, aun si usted elige convertirse en un vegetariano del lacto ustedes serán consumidor mucho niveles más bajo de colesterol si usted suspendiese sobre una dieta basada de carne. A este efecto, las comidas vegetarianas están también bajas en grasa saturada, una de las causas principales de enfermedad cardiovascular. Además, los estudios han demostrado que las proteínas consumidoras de la planta en lugar de proteínas animales han conducido a los vegetarianos teniendo aminoran niveles de colesterol.

HIPERTENSIÓN

También ha habido muchos estudios transmitidos en vegetarianos en la preocupación para su presión sanguínea. Los resultados han demostrado que los vegetarianos, por término medio, tienen presión sanguínea más bajo que personas que consumen carne roja como una parte normal de su dieta. Apegarse a una dieta vegetariana tiene buenas consecuencias para personas que padecen de hipertensión debido a ella andando de capa caída en sodio y colesterol. En algunos casos, pueble quién ha padecido de hipertensión y ha cambiado de decisión para una dieta vegetariana ha podido dejar de requerirse medicación para mantener bajo control su presión sanguínea.

DIABETES

Convertirse en un vegetariano también puede ser ventajoso para poblar quién padece de diabetes. Una dieta vegetariana es alta en carbohidratos complicados y bajo en grasa, que es esencial manteniendo el nivel de glucosa de la jamaica de una persona diabética en un alcance más normal. Algunas personas que padecen de diabetes en verdad han podido chisparse su medicación una vez que intercambiaron para una dieta vegetariana, mientras los otros han visto una disminución en la cantidad de insulina que se inyecta sola requieren para mantener su nivel de glucosa de la jamaica dentro de un alcance aceptable.

CÁNCER

Comprometerse a una dieta vegetariana también puede reducir el riesgo de algunos cánceres. Los estudios han demostrado que las personas que viven en países y las culturas que hacen una dieta vegetariana o mero una dieta vegetariana tener una menos incidencia de chiche y los dos puntos sufren degeneración maligna en su población. Se cree que éste es logrado porque las dietas vegetarianas son bajo en grasa y a gran altura en fibra. Además, las verduras son altas en a caroteno beta que le ha sido mostrado para ayudar a bajar el riesgo de tener cáncer. También ha sido descubierto que las personas que siguen una dieta vegetariana tienen más de qué son los separos homicidas designados que puede proteger el cuerpo humano batallando y echándose a las células que se vuelven cancerígenas.

OTRAS ENFERMEDADES

Tal como los vegetarianos estén en un riesgo más bajo de obtener algunos cánceres, la enfermedad cardiovascular, y la diabetes, están en un riesgo más bajo para sufrir de piedras en la vesícula, piedras en los riñones, u osteoporosis. Esto está supuesto a consumir proteínas de la planta en lugar de proteína animal. Chutarse cantidades altas de proteína animal ha sido mostrado en estudios para dramáticamente disminuir la cantidad de calcio de huesos humanos. Con la dieta vegetariana, el consumo de proteínas de la planta puede ayudar a la gente de tener osteoporosis.

CAPÍTULO 5

CÓMO PLANIFICAR UNA DIETA VEGETARIANA

Si usted hace el switch para un vegetariano estar a dieta no se abrume en lo que se refiere a hacer una lista de compras así es que usted puede comenzar a preparar comidas vegetarianas en casa. No es una tarea difícil asegurarse de que usted tiene todo lo que usted necesita para tener éxito en su empeño nuevo. Asegúrese de que usted compre un titipuchal de granos, un titipuchal de verde hortaliza de hojas comestibles, unos titipuchales de frijoles, y unos titipuchales de frutos secos. Si usted está dudoso de cómo preparar comidas vegetarianas, invierta dinero en un vegetariano libro de cocina, que es abundante en su librería local o se ve en línea pues ideas de la receta.

LAS LÍNEAS DIRECTIVAS REGALADAS PARA EL PICHÓN

Empiece con simple y regalado para preparar comidas como arroz integral y añadirle a la mezcla sus verduras favoritas, usted aun le puede añadir el sabor al arroz por jugo de la manzana de adición al agua al cocinarlo. Tome una corrida para su mercado étnico local, muchos de estos mercados especialmente unos que están dispuesto a ofrecer a personas del Oriente Medio tendrán una colección variada de selecciones vegetarianas disponibles y podrán darle algunos punteros de aproximadamente cómo preparar comida con la que usted no podría estar familiarizado. Para reprimir sus tentaciones a caerse del vagón vegetariano mientras usted tiene un día libre, el itacate algún granola leco,, la fruta fresca o desecada, junto con algún jugo.

CAPÍTULO 6

¿QUÉ ACERCA DE PROTEÍNA?

Obtener la cantidad correcta de proteína es importante para mantener salud humana. Estaba una vez que creyó que una dieta vegetariana no podría entregar a la ley la cantidad correcta de proteína que los humanos necesitaron sin incluir al menos algunos la carne roja. Sin embargo, esto - se ha probado - es el caso. Si usted sigue una dieta vegetariana correcta con la cantidad correcta de frijol, granos, las lentejas, y las verduras que usted pone todo los aminoácidos esenciales que usted necesita mantener una dieta saludable. El beneficio de proteínas consumidoras de la planta en lugar de proteína animal es que usted no lo hará sólo chutarse una dieta más saludable pero su riesgo para muchos problemas médicos será aminorado. Chutarse una dieta que es alta en proteína animal aumenta su riesgo para enfermedad del riñón en vías de desarrollo, ciertos cánceres, piedras en los riñones, y aun osteoporosis.

¿CÓMO ACERCA DE CALCIO?

No esté preocupado que convirtiéndose en un vegetariano que usted no traerá la cantidad requerida de calcio que se necesita para mantener la salud de su cuerpo humano. El beneficio de ser un vegetariano es que una dieta vegetariana correcta no contiene proteína de animales. Las dietas que son altas en proteínas animales han sido mostradas para causar que huesos pierda calcio y posiblemente conduzca a la osteoporosis. Junto con el uso de planta las proteínas para mantener vegetarianos saludables de niveles de calcio pueden encontrar comidas que son una buena fuente de calcio. Las buenas fuentes de calcio en una dieta vegetariana incluyen a soymilk, sojas, lentejas, almendras, y alguna fruta seca.

CAPÍTULO 7

LAS COMPRAS DEL SUPERMERCADO PROPINAN

Cuando usted ha tomado la decisión de convertirse en un vegetariano usted también tendrá la tarea de reaprender su supermercado favorito. Usted tendrá que encontrar cosas en pasillos que usted nunca pudo haber estado abajo antes. Como la mayoría de supermercados son generalmente noqueados adentro como la moda, es bueno saber las secciones dónde comidas vegetarianas puede ser encontrado. La mayoría de supermercados ahora ofrecen una sección de alimentos naturales, y está aquí donde usted encontrará productos como hamburguesas vegetarianas, embutido, y asados. La sección refrigerada de su supermercado está donde usted encontrará a tofu, hummus, tocino vegetariano, hotdogs vegetarianos, y pasta libre de blanquillo. Otras grapas vegetarianas estarán donde siempre han sido, estos artículos incluyen arroz, frijoles, pasta, y salsa del espagueti. Por supuesto, usted ya debería saber dónde mantienen las verduras en su supermercado local.

UNA MUESTRA DE UN MENÚ VEGETARIANO

Hacer el switch para convertirse en un vegetariano no quiere decir que sus comidas diarias se llenarán de comida blanda que se parece al ladrerío de un árbol. Hay muchas elecciones que usted puede hacer para tener comidas deliciosas y atractivas de miramiento. Para desayuno, tenga harina de avena, tueste con mantequilla de maní, su fruta favorita, y su cereal con soymilk y parte superior ella fuera con un banano rodajeado o su otra fruta favorita. En la hora del almuerzo, usted puede elegir entre tener a un veggieburger, ensalada del huerto, una papa asada al horno y dulce o normal puesta encima con su legumbre favorita, hummus, o una vigorosa sopa de verdura con galletas saladas, o un tazón de fruta del tiempo. Para cena, usted podría elegir entre tener burritos rellenados con frijoles, arroz, jitomates, y aguacate, o una ensalada fresca del huerto. Usted podría optar por un chale fríale ligeramente en aceite hecho con tofu y verduras como brócoli, cebollas, y échele jengibre o embutido vegetariano. A usted también le podrían sobrepasar pasta con una salsa vegetariana del espagueti o simplemente una selección a toda madre de sus verduras favoritas con un chapuzón vegetariano a toda madre. Si a usted le da hambre durante el día, asegúrese de que usted tiene a mano algunos bocadillos vegetarianos como fruta del tiempo, rastrea mezcla, fruta seca, o una soja basó yogur.

CAPÍTULO 8

ME OLVIDO DE LOS CINCO GRUPOS DE COMIDA

La mayor parte de nosotros podemos recordar muy en la parte de atrás de escuela enterándose de los cinco grupos de comida y qué las porciones recomendables estaban de cada grupo, pero los cinco grupos de comida de los que nos enteramos dejan de existir. Cuál fue una vez cinco grupos ora ha sido reducido a cuatro. Estos grupos nuevos y mejorados cuatro de comida fueron desarrollados en 1991 como una forma para intentar reducir la cantidad de colesterol y las grasas que los adultos consumían con el grupo de cinco comidas previo planifican.

GRUPO 1 – LAS VERDURAS

Es ahora recomendado que los adultos consuman al menos cinco porciones de día de rutina de verduras. Mientras se supo ya que las verduras son buenas para usted, lo más ese es aprendido acerca de las propiedades sanas en verduras lo más que deberían estar incorporadas en su rutina diaria. Las verduras son ricas en vitamina C, hierro, calcio, caroteno beta, y riboflavina. Las verduras que son de la variedad verdeoscura y frondosa como brócoli y espinaca están llenas de estos nutrientes. Las verduras que son amarillas o naranjadas como zanahorias, aplastan, papas dulces, y las calabazas tienen aun más nutrientes como caroteno beta que verde hortaliza de hojas comestibles. Para verduras, el tamaño de servir es ya sea de 1 jícara de ½ jícara o verduras crudas de verduras cocinadas.

GRUPO 2 – LOS GRANOS ENTEROS

Para granos enteros, es recomendado que los adultos debiesen tener al menos tres porciones al día. Los granos enteros son ricos en vitaminas de proteína, de fibra, de la B, y carbohidratos complicados. Tener la nutrición de la que usted necesita enteramente le vetea necesidad para saber qué comidas para escoger. Las comidas que son consideradas enteramente vetean incluye cereal, tacos, pan entero del grano, pasta entera del grano, y maíz. Los tamaños de servir para granos enteros son como sigue, ½ jícara de arroz o pasta, ½ jícara de cereal, o una rebanada de pan.

GRUPO 3 – LA FRUTA

En lo que se refiere a fruta, es recomendado que los adultos debiesen tener al menos tres porciones al día. Chutarse fruta del tiempo es importante porque es rica en caroteno beta y vitamina C. Es importante que al menos una de la porción de fruta que usted incorpora en su dieta debería ser de la variedad cítrica como naranjas, fresas, melón, o melocotones. Esto es porque están llenos de vitamina C. Siempre que sea posible no substituya jugos de fruta para la fruta real porque usted no obtendrá el mismo nivel de nutrición de ellos. Sirviendo para tamaños para la anomalía del grupo de la fruta como esto, ½ jícara de fruta cocinada, ½ jícara de jugo, o un pedazo mediano de fruta.

GRUPO 4 – LAS LEGUMBRES

Es ahora recomendado que asegurar que usted siga una dieta saludable usted debería tener al menos dos porciones de legumbres el día de rutina. Las legumbres consumidoras son importantes para vegetarianos porque son buenas fuentes de vitaminas de hierro, de fibra, de la B, proteína, calcio, y zinc. Si la palabra " la legumbre " parece curiosa, es simplemente otra palabra para comidas como lentejas, frijoles, y guisantes. Otras comidas que son consideradas parte de la legumbre el grupo incluyen garbanzos, frijoles refritos, y tofu.

El tamaño correcto de la porción para el grupo de la legumbre es ½ jícara de frijoles cocinados o cuatro onzas de tofu.

CAPÍTULO 9

EL EMBARAZO Y EL VEGETARIANISMO

Cuando una mujer se embaraza, su cuerpo humano necesita que más nutrición para ayude el desarrollo de su criatura abortiva. Para mujeres que son vegetarianas, eso no quiere decir que usted tenga que dejar de ser uno para asegurar a usted es lograrsele la nutrición correcta y su bebé. Lo que usted tiene que hacer es alteran las porciones de los cuatro grupos de comida para maximizar su nutrición. Las buenas noticias son eso porque usted fue es vegetariano antes de que usted se embarazó que usted está probablemente bien de salud, lo cual tiene mucha importancia para los estadios iniciales de su embarazo.

CALCIO

Durante el embarazo, es importante mantener nutrición correcta y uno de los nutrientes más importantes durante el embarazo es calcio. Cuando los vegetarianos embarazadas, deberían intentar tener al menos cuatro porciones de comidas que son altas en calcio. Las comidas que son buenas fuentes de calcio especialmente cuando embarazada incluye verde hortaliza de hojas comestibles, cereales y soymilk que ha estado fortificado con calcio, bok choy, y los frijoles.

VITAMINA B12

Una vitamina que es carente de la dieta vegetariana es vitamina B12. Cuando una mujer está embarazada es más importante alguna vez asegurarse de que ella pone todo las vitaminas que ella necesita para asegurar desarrollo correcto de su criatura abortiva. No hay muchos elegidos de comida que vegetarianos deben elegir esa son buenas fuentes de vitamina B12. La mejor fuente de vitamina B12 para vegetarianos es a soymilk que le han añadido vitamina B12 a ella. Para asegurar a esas mujeres embarazadas del vegetariano mete la cantidad correcta de vitamina B12 en su dieta ella es recomendado que toman un suplemento B12. Es importante revisar la etiqueta de vitaminas prenatales para asegurar que la vitamina B12 es incluida en su dosis diaria recomendable.

HIERRO

Para vegetarianos, asegurarse de que tienen bastantes hierro en su dieta cuando embarazada no debería ser un problema. La verde hortaliza de hojas comestibles, los frutos secos, los frijoles, y enteramente los granos son todas las buenas procedencias de hierro y son grapas de la dieta vegetariana. Para ayudar a absorber hierro, es una buena idea chutarse fruta cítrica o tomarse un poco de jugo que hace niveles altos de vitamina C y esta voluntad ayudar marca seguro que las mujeres vegetarianas embarazadas obtienen bastante hierro. Simplemente recuerde que como el embarazo progresa que más hierro es necesitado, así es que un suplemento puede necesitarse. Otra vez, revise la etiqueta de las vitaminas prenatales que han estado prescriptas para asegurar ese hierro es representado en la dosis diariamente recomendable.

PROTEÍNA

Durante el embarazo, la necesidad del cuerpo humano para proteína aumenta algo así como muchos otros nutrientes. Esto es otro de las ventajas de ser un vegetariano. La dieta vegetariana está llena de buenas fuentes de proteína, soja, granos enteros, y las legumbres están llenas de proteína y si usted ha estado siguiendo una dieta vegetariana correcta, usted probablemente ya obtiene bastante proteína aun durante el embarazo.

LAS SUGERENCIAS PARA COMIDAS DURANTE EL EMBARAZO

Como usted ha leído, cuando embarazada es importante mantener una dieta saludable y aumentar la ingestión de algunas comidas para asegurar que la cantidad correcta de nutrientes es consumida. Para hacer esto, asegúrese de que sus comidas incluyen verde hortaliza de hojas comestibles, granos enteros, frijoles, frutos secos, y fruta. Por ejemplo, para desayuno tenga jugo, cereal sobrepasado con su fruta favorita, o quizá brinde con mantequilla de maní. Para almuerzo, tenga una ensalada sana del huerto con un surtido a toda madre de fruta del tiempo. Para cena, tenga alguna sopa de la lenteja y no dé miedo añadirle sus verduras favoritas a la sopa, quizá el brócoli o la espinaca. Para bocadillos durante el día, tenga alguna fruta seca, rastree mezcla, o frutos secos. No olvide incluir algún soymilk que ha estado fortificado con vitamina B12 y tome algunos suplementos que han estado prescriptos. Si la decisión a darle el pecho es hecha entonces la misma dieta que fue seguida durante el embarazo debería ser continuada hasta que la decisión sea hecha para dejar de darle el pecho.

CAPÍTULO 10

EL VEGETARIANISMO Y LOS NIÑOS

Una de las cosas más importantes que usted puede hacer como un padre debe enseñarle a sus niños cómo comer saludable. La mejor forma para hacer esto es empezar tan pronto como nacen para colocar una base sólida para el resto de sus vidas. En lo que se refiere a recién nacidos y la decisión se ha hecho para no darle el pecho uso que una soja basó fórmula para asegurar que el recién nacido obtiene todos los nutrientes necesarios. Simplemente no use soymilk normal porque un recién nacido necesita todos los nutrientes que la soja basó que la fórmula ha sido fortificada. No mantenga a su recién nacido adentro todo el tiempo, asegúrese de que usted sale para los paseos o expulsar así es que el recién nacido puede obtener vitamina D del sol.

COMO SU RECIÉN NACIDO CRECE

Cuando su recién nacido alcanza cuatro hasta cinco meses, está bien comenzar a iniciarlos en otras comidas. Comience por ofrecerles fruta del pureed como bananos, melocotones, o compota de manzana. Usted aun puede probar solo cereal del grano mezclado con un soymilk pequeño. Asegúrese cuándo introduce usted comidas nuevas a su recién nacido que usted observa de cerca para cualquier reacciones alérgicas que puede tener verificativo.

Para cuando su recién nacido alcanza seis meses de edad, deberían estar listos para verduras. Asegúrese de que han estado completamente cocinados y pureed. Las buenas elecciones a introducir a esta hora son papas del dulce del pureed, frijolitos verdes, y zanahorias. Por el tiempo sus alcances de recién nacidos de ocho meses de edad, usted los puede iniciar en galletas saladas y pan. Su desarrollo rápido continuará asombrándole y a ese entonces alcanzan que un año ruco deberían obtener nutrición de todo los cuatro grupos de comida y ahora es un buen rato para iniciarlos en soymilk que ha estado fortificado con vitamina B12. Estas edades son una línea directiva para seguir, no están preocupadas si su niño no quiere fruta a cuatro meses o las verduras a seis meses porque todos los niños desarrollan en las tasas diferentes y cuando su recién nacido está listo usted irá de seguro a saberlo.

LOS NIÑOS MAYORES

Si usted decide esperar a que sus niños envejecen para iniciarlos en un vegetariano estilo de vida hay algo de pasos que usted puede seguir en simplificar la transición para usted y sus niños. No intente convertir a sus niños durante la noche en ser vegetarianos. Comience con toda pausa removiendo carne de su dieta. Usted todavía les puede dejar tener una cierta cantidad de sus comidas favoritas, pizza, para el ejemplo pero en lugar de sobrepasar eso con pepperoni o embutido, escogen pimientos verdes, cebollas, o una combinación de verduras. Para reemplazar la proteína que no se perderá por ahí no chutándose carne roja, introduzca más frijoles en sus dietas, cuál es una buena fuente de proteína.

NO CONFÍE EN TRUCOS INGENIOSOS

Una de las cosas que los padres hacen cuando cambian sus niños de omnivores para el vegetariano debe ahogar su comida con queso. Como usted ya ha leído, algunos vegetarianos consumen productos lácteos así es que no hace cachirulo pero no es una buena idea confiar en esto demasiado. Mientras el queso puede ser una parte nutritiva de una dieta vegetariana, es también alta en grasa saturada y tiene un montón de sodio en ella, lo cual puede hacer daño para la dieta de su niño y así deshaciendo el bien que usted está tratando de hacer con una dieta vegetariana.

LOS NIÑOS SON DIFERENTES A LOS ADULTOS

Es importante pues los padres para recordar que los niños no son adultos pequeños. Allí las necesidades nutricionales son diferentes a lo que necesitan los adultos. Servir comidas del vegetariano de niños que están drogadas en fibra no es una buena idea porque los niños no pueden digerir fibra así como también un adulto lo puede hacer. Además, los niños tienen apetitos más pequeños que lo que los adultos, así es que cuando usted cambia su dieta para el vegetariano que podrían necesitar chutarse más que tres veces al día. Si usted encuentra que éste es el caso con su intento de niños para servirlos comidas frecuentes más más pequeñas para asegurar ellas ponen toda las porciones recomendables de la señora de la limpieza de los cuatro grupos de comida.

LOS NUTRIENTES IMPORTANTES PARA NIÑOS

El cuerpo humano de un niño es una máquina viva de respiración y en la orden para ella funcionar y crecer correctamente necesita el combustible correcto para hacerlo tener verificativo. Es el trabajo del padre asegurarse de que su dieta contiene las cantidades apropiadas de verde hortaliza de hojas comestibles, legumbres, grano entero, y fruta. Haciendo esto asegurará el padre eso su niño obtendrá todo el hierro necesario, el calcio, la proteína, y zinc. Parents también necesitan ser proactivos y hacer seguro a sus niños no sentarse delante de la televisión jugando vídeos juegos o facebooking y se salen para embeber alguna vitamina D. Los niños vegetarianos probablemente también necesitarán tomar un suplemento de vitamina B12 para responsabilizarse por requisito de su cuerpo humano para el crecimiento.

CAPÍTULO 11

LOS CONSEJOS ÚTILES PARA PADRES

El Almuerzo de la Escuela

Al cambiar a los padres de dieta de sus niños debe encontrarse algunos obstáculos. Uno de estos para padres de niños de edad escolar es el almuerzo de la escuela. Los niños que se cambian a una dieta vegetariana deben afrontar alguna par la presión de sus amigos que le encuentran ya sea extraño o extraño para ser un vegetariano. Es importante que padres se sienten con sus niños y barajen lo que los beneficios de ser una dieta del vegetariano es.

Empacando un almuerzo, con aporte del niño, ayuda de la lata evitan algunos resbalones fuera de una dieta vegetariana. Los padres pueden hacer tortas de hummus con jitomates o aguacate. Las tortas de mantequilla de maní y las galletas saladas secas en forma de ocho son una alternativa regalada para lunchmeat. Los padres pueden enviar una vigorosa sopa de verdura o pueden preocuparse a muerte en un termo así como también una pasta residual con una salsa vegetariana del espagueti. Por algo de manera adicional envíe verduras crudas con un chapuzón vegetariano, enteramente vetean molletes, la soja basó yogur, o fruta del tiempo.

TENIENDO A LOS AMIGOS ENCIMA

Un reto que los padres de niños vegetarianos afrontarán es qué hacer cuándo sus amigos caído de visita para jugar, fiesta de cumpleaños, u otro acontecimiento. Sin embargo, no desgaste a los padres; Hay muchas opciones disponibles a quo para escoger eso pondrán a ustedes, sus niños, y sus amigos felices como una lombriz. Las hamburguesas vegetarianas están ampliamente disponibles del todo los supermercados y usted pueden incluir todo el mundo dejándolas la oportunidad escoger sus condimentos, ya sea esa es simplemente salsa de tomate y mostaza o aguacate, lechuga, cebollas, y jitomates. Adicionalmente, los hotdogs vegetarianos están también ampliamente disponibles en su supermercado local y a menos que usted sabe que es vegetariano, que el sabor sea justo aproximadamente indistinguible de la variedad de carne. La pizza es otra buena substituta para escoger, sólo asegurarse de que los glasés son vegetarianos en lugar de carne. Si su niño tiene a los amigos encima durante los meses más afectuosos, las personas de mucha labia y de fino vestir de la fruta son un gusto refrescante tan no sólo divertido sino que también saludable.

LOS MIEMBROS FAMILIARES

Solamente porque su parte de la mayor familia es vegetariana no quiere decir a ese el resto de su familia es o está ducha en el vegetariano estilo de vida. Para ayudar a su niño a quedarse en el buen camino, no se ande con rodeos con miembros familiares y con padres de los amigos de su niño. Ser franco con ellos asegurará que sepan dónde usted está parado y no habrá ningún malentendido en lo que se refiere a sus amigos que visitan niño y la familia. Para ayudar a facilitar las cosas cuando su niño vegetariano visita a los amigos y la familia envíe a lo largo de un plato con ellos a evitar poner cualquier carga indebida en alguien. Si usted tiene bien las relaciones con familia y los amigos de su niño les dan un enlistado de qué comidas un vegetariano puede chutarse, sólo intentan no ser demasiado insistentes Con eso así es que nadie se queda a lo que se le dio qué sentir o percepción como si usted les diga a ellos qué que lo hagan.

HAGA PLANES

Con la mayoría de grupos familiares ahora cualquier teniendo que hacer a ambos padres chambear o con membrete levantado por un solo padre el tiempo es de fundamental importancia, así es que es importante hacer planes. Obtenga algunos libros de cocina que tienen recetas para comidas rápidas, nutritivas. Usted puede tener un día del cocinero, puede incluir a sus niños, y puede hacer varias comidas que usted puede congelar y el uso a todo lo largo de la semana. Ésta es una gran forma para involucrar a sus niños en el vegetariano estilo de vida y una gran forma para aprender lo que de a devis les gusta y lo que más bien no comerían. Incorpore residuos en otros platos para evitar ser monótono y sume variedad. Además, intente mantener un buen suministro de fruta del tiempo disponible por taquea.

PROMOCIONA DE SER UN VEGETARIANO DE NIÑO

Colocando un salto punto de partida en un saludable estilo de vida por ahí convertirse en un vegetariano a una edad temprana beneficiará a los niños como se conviertan en edad adulta. Con obesidad de infancia convirtiéndose en más y más de un paquete en la sociedad siendo un vegetariano dramáticamente disminuirá las probabilidades de ese suceso. Ser un vegetariano a primera hora de la vida también reducirá el riesgo de enfermedad cardiovascular en vías de desarrollo, algunas formas de cáncer, y la probabilidad más bajo de sufrir un ataque al corazón o el ataque al corazón. Además, en algunos estudios a las chicas vegetarianas les ha sido mostrados para comenzar a menstruar en una posterior edad que lo que las chicas que sean omnivores, largando su fecha de la primera menstruación en unos posteriores estudios de edad han demostrado que disminuye el riesgo de cáncer de mama.

A lo largo de la salud los beneficios de recurrir a una dieta del vegetariano en una edad de la cría, los estudios han demostrado que la dieta vegetariana en verdad puede fomentar función del cerebro. El cerebro no está agobiado con mantecas animales que están presentes en la dieta promedia del omnivore así es que puede funcionar y puede desarrollarse en una tasa más acelerada. Algunos estudios han demostrado que los niños

que son vegetarianos han indicado capacidad
mental hasta un año arriba de su edad real.

CAPÍTULO 12

EL VEGETARIANISMO Y LAS PERSONAS DE EDAD

La población ruca recurre al vegetarianismo en mayores números en estos últimos años. Para personas que han sido omnivores para la mayor parte de sus vidas es importante que para ellos cambien su dieta gradualmente así es que para no conmocionen su cuerpo humano. Para las personas de edad es importante que para ellos vean a un médico antes de que hacen algunos cambios dietéticos drásticos para asegurar que son lo suficientemente cuerdos para cobrar algo nuevo. Como las personas se envejecen, los productos lácteos están menos carne tolerada y se vuelve más dura para las personas de edad para digerir. Ésta es una razón por qué usted no es nunca demasiado viejo para cambiar de decisión para una dieta vegetariana. Las verduras, las legumbres, y la fruta son más fáciles de digerirles para las personas de edad y si gustarles una parte de la población ruca que tiene problema masticando y tragándose estas comidas es con holgura pureed.

LA SALUD SE BENEFICIA PARA LAS PERSONAS DE EDAD

Las personas de edad pueden padecer de todos los tipos de males yendo de hipertensión, enfermedad cardiaca, diabetes, y osteoporosis. Haciendo el switch para una dieta vegetariana los riesgos de estas dolencias puede ser reducido algo. Mientras no reculará los años de daño causado chutándose una dieta de alto contenido de grasa ayudará a aminorar su colesterol y si padecen de diabetes que enlata remedio meten sus niveles de glucosa de la jamaica en un alcance más aceptable. Análogas con la mayoría de vegetarianos, las personas de edad probablemente deberían tomar un suplemento de vitamina B12 para asegurar ellas reciben la dosis diaria recomendable.

CAPÍTULO 13

CÓMO COCINAR CORRECTAMENTE VEGETABLES COMMON EN EL ARTE CULINARIO VEGETARIANO

Brócoli

Cuando usted va a pero el brócoli en su supermercado local, la mirada para eso tener a firma atraviesa con una lanza eso es verdeoscuro con un flósculo alto para contener proporción. Lo que está padre acerca de brócoli es que sólo se requiere algunos minutos para cocinar, aproximadamente cuatro minutos en un horno de microondas o eso puede ser tratado al vapor en sólo cinco minutos. Para preparar brócoli, recorte los fines fuera de cada tallo un par de pulgadas debajo de los flósculos. Si usted quiere chutarse el tallo también, se le recomienda que usted quita el estrato exterior con una peladora vegetal y entonces roe el tamaño deseado. Los flósculos individuales entonces deberían ser recortados de la cholla del tallo del brócoli. El brócoli está entonces listo a estar cocinado por no importa qué método usted escoja.

BERENJENA

Cuando usted escoge una berenjena en su supermercado local usted quiere escoger uno que es a toda madre y suave con una piel brillante, la berenjena no debería tener ninguna fontanela y su piel debería ser arruga a grapa. La mejor forma para preparar berenjena es hacer un corte en rebanadas acerca de uno ½ - la pulgada gruesa, quita la piel ligeramente sal ella y coloca las rebanadas en un colador y le deja a ella naturalmente reducir drásticamente para veinte hasta treinta minutos. Usted entonces tampoco puede cortar la berenjena en el tamaño que usted quiere para su plato o manutención las mayores rebanadas. La berenjena es una legumbre versátil y puede estar preparada de diferentes maneras. Si usted elige freír la berenjena, sólo usar un poco de petróleo porque la berenjena puede actuar como un gorrón y puede absorber petróleo excedente, freír berenjena usualmente acarrea de un lado a otro seis hasta ocho minutos a merced del espesor de la berenjena. La berenjena está también padre en una parrilla, antes de que usted coloca la berenjena en la parrilla ligeramente petróleo ambos lados, está usualmente puesta en cuestión de ocho hasta diez minutos a merced del espesor de la berenjena. La berenjena está lista a comer cuando tiene una textura sensible.

LENTEJAS

Las lentejas son una grapa de dieta más vegetariana y proveen una buena fuente de hierro. Usted fácilmente puede encontrar lentejas preempaquetadas en su supermercado local. Al preparar lentejas es bueno recordar que que dos toma forma de copa le servirán cuatro personas. La primera cosa que usted quiere hacer al alistarse para cocinar lentejas es lavarlos con agua frío. Mida la cantidad de lentejas que usted quiere para cocinar opción de venta ella en un colador y un corrido agua frío sobre ellas a asegurar que son gratis de cualquier valor o suciedad excedente. Al cocinar lentejas usted quiere asegurarse de que usted usa un trique que le tiene alguna profundidad para eso porque las lentejas se expanden cuando están cocinados. La regla general para cocinar lentejas es destinar dos jícaras de agua para cada jícara de lentejas usted el faltante cocinen. Para condimentar arriba de su plato de la lenteja usted puede ponerse creativo y puede sumar condimentos, las verduras, o lo puede convertir en una sopa vigorosa. Las recetas de la lenteja son sólo delimitadas por su imaginación, obtienen un libro de cocina que se especializa en el arte culinario vegetariano y usted irá de seguro a encontrar una plétora de recetas que incluyen lentejas.

FRIJOLES NEGROS

Los frijoles de todas las variedades juegan una parte grande
en el arte culinario vegetariano. Los frijoles negros son una
buena fuente de proteína, hierro, tiamina, y folate. Antes
de que usted comience a cocinar frijoles negros es mejor
inspeccionarlos para cualquier suciedad o apretar y asegurarse
de que no hay ningún frijol que estén agrietados o pierdan
vitalidad. Los frijoles negros pueden tomar hasta dos horas
para cocinar a merced de su frescor; Mientras más fresco los
frijoles son el menos tiempo se necesita para cocinarlos porque
tienen más humedad adentro de ellos. Para los resultados
de mejor al cocinar frijoles negros que es recomendado que
chorreen agua de la noche a la mañana, al hacer esto a eso
es mejor tener al menos dos pulgadas de agua cubriendo los
frijoles. Cuando los frijoles negros de cocina no suman nada
para el trique como la sal o las verduras hasta los frijoles es
mero cocina acabada. Los frijoles negros son una adición
a toda madre para platos de arroz y van de seguro a incluir
sus verduras favoritas para una comida a toda madre.

RED BEANS

Como frijoles negros, los frijoles rojos están también usados mucho en vegetariano cocinando. Los frijoles rojos son una buena fuente de proteína, hierro, folate, y fibra dietética. Al igual que con frijoles negros, la primera cosa que usted debería hacer antes de preparar frijoles rojos es inspeccionarlos para suciedad y el valor. Además, si hay algunos frijoles que están descoloridos los descartan. Si usted elige estar en remojo los frijoles pasan la noche antes de cocinarlos disminuirá el tiempo de cocina, justo esté seguro para no remojarlos para más tiempo que lo que veinticuatro horas como éste podrían conducir a los frijoles comenzando a fermentarse. Cuando usted está listo a comenzar a cocinar, reduce drásticamente los frijoles del agua que estaban en remojo en uno deles un buen enjuague. Cambie el agua y cubra los frijoles con agua y hágalos hervir, tan pronto como el agua comienza a hervir reducen el calor y cubren el trique. Deje a los frijoles cocer a fuego lento para uno hasta tres horas a merced de la cantidad de frijoles que usted cocina. Usted sabrá cuándo están terminados los frijoles cuándo ellos suave y puede ser machacado fácilmente. Los frijoles rojos están padre como un entremés por ellos mismos o con arroz.

LOS VEGGIEBURGERS CASEROS

Solamente porque usted ha decidido convertirse en un vegetariano o ha tenido un año de edad pues con tal de que usted puede recordar, no quiere decir que usted tenga que perder las esperanzas acerca de tener una hamburguesa sabrosa. El gran chisme acerca de veggieburgers es que hay todo lo que los diferentes tipos hicieron de todos los tipos de ingredientes vegetarianos. Por ejemplo, veggieburgers pueden ser hechos de una combinación de frijoles negros y papas. Para hacer estos grandes veggieburgers de degustación usted necesitará una jícara de frijoles negros enlatados, ½ una cebolla, tres papas dimensionadas medianas, dos cebollas escalonias, y ½ la jícara de maíz. Para preparar los ingredientes, usted querrá jugar a los dados la cebolla, rallar las papas, y picar en trocitos las cebollas escalonias. Entonces machaque los frijoles negros y entonces sume los otros ingredientes mezclándolos bien juntos. Entonces refórmelos en pastelillos así como las hamburguesas normales le añadan un par de cucharas de petróleo a la cacerola y cocinen aproximadamente cuatro minutos en cada lado. Para agrandar la parte superior del veggieburger a eso con aguacate fresco, los jitomates, u otro de sus verduras frescas favoritas.

CALABACÍN

Cuando usted fiscaliza calabacín en su supermercado local usted qué asegurarse de que no tiene ninguna fontanela o ninguna suspensión en su piel. La calabacín es favorecida por vegetarianos porque es una gran fuente de vitamina C, y está baja en colesterol y grasa saturada. Además, la calabacín es una legumbre versátil que puede estar cocinada y servida en numerosas formas. Usted le puede cortar en rebanadas aproximadamente una pulgada VVI[SM]LII[SM]1/3[SM]cepillo grueso con petróleo y puede cocinar en la parrilla para acerca de tres para cuatro minutos de cada toman partido. Puede estar asado en el horno en el mismo tamaño tal como en la parrilla en quinientos grados por aproximadamente diez minutos con él siendo volteado una vez hacia la mitad. Uno de los platos muy famosos que la calabacín es parte feriada es pisto.

Para preparar pisto, usted necesitará que dos berenjenas sean peladas y hará un corte aproximadamente rociada de cubos de un pulgada con sal y le colocará en un colador y le dejará reducir drásticamente para dos hasta tres horas. En ese entonces corte dos la calabacín grande en el de la misma forma lanzamiento clasificado según el tamaño de cubos la berenjena y los cubos de la calabacín conjuntamente con un par de cucharas de locación de petróleo en una tartera en un horno que ha sido precalentado para quinientos grados. Rostice la berenjena y la mezcla de la calabacín por alrededor cuarenta minutos o hasta que son tiernos y café. Cuando la mezcla está casi hecha, en una perola caliente un par de cucharas de petróleo y sume una cebolla que ha sido picada en trocitos y salteada hasta que comienza a suavizarse y dorar. Entonces sume un par de dientes de ajo de ajo picado en trocitos junto con dos jitomates que han sido picados en trocitos y cocinan pues unos minutos cinco adicionales y finalmente suman la berenjena y la mezcla de la calabacín y cocinan pues cinco minutos más.

TOFU

Tofu es una grapa de muchas dietas vegetarianas. Tofu es hecho por cuajada de confección de soymilk en lugar de leche de vacas. Las sojas son una parte importante de dieta de un vegetariano porque tiene todos ocho aminoácidos esenciales. Aunque el tofu es relativamente nuevo en la cultura occidental ha sido usado en China por más de mil años. Usted podrá encontrar el tofu en la sección refrigerada de su supermercado local y eso viene en variedades diferentes. Usted podrá elegir entre firma adicional, firme, suave, y sedoso. Es mejor pegar con el tipo de textura de tofu de cualquier cosa que la receta a usted esté después de las llamadas para. Los tipos diferentes de tofu sirven para diferentes tipos de recetas. Los tipos firmes y adicionales de la firma de tofu son buenos para usar en la parrilla o en fritura china de agitación. A los vegetarianos les gusta destinar la variedad suave como un substituto para queso. La variedad sedosa se usa para añadirle la proteína a la salsa de pasta, las personas de mucha labia y de fino vestir, y las sopas.

COLIFLOR

Al escoger coliflor en su supermercado local usted quiere asegurarse de que la cholla de la coliflor está embarrado, blanco o púrpura en color sin cualquier lugares café o amarillos. La coliflor es popular con vegetarianos debido a eso siendo una buena fuente de vitamina C, con una porción de coliflor usted puede tener setenta y siete por ciento de la concesión diaria recomendable. La coliflor, como muchas verduras pueden estar preparadas de muchas maneras de humear, estofando con la cazuela tapada, y la torrefacción. Una forma que la coliflor está ahora que estando usado por vegetarianos es como un puré. Esto se usa para reemplazar el almidón de papas y puede sumar una alternativa a toda madre y le puede tan añadir pequeña algo adicional a su comida.

CAPÍTULO 14

NO DÉ MIEDO INNOVACIONES

Como usted ha leído, ser o convertirse en un vegetariano es algo que está nunca más a una edad avanzada para hacer. La salud se beneficia que usted llegará de alternar de ser un omnivore para un vegetariano está mero incontables. Si usted está aquejado de hipertensión, la enfermedad cardiovascular, o la diabetes siendo un vegetariano le puede ayudar a batallar de regreso en contra de estos males y quizá le puede dar una mejor calidad de la vida.

Ser un vegetariano no tiene que querer decir que su comida tiene que ser blanda y aguada. Hoy cada vez más las recetas se hacen públicas que el arte culinario del vegetariano de marcas fresco, vibrante, y excitante. Los días de ser un vegetariano y sentarse a una ensalada y un tazón de arroz es ya no necesario como usted ha leído. Cuando usted ha tomado la decisión de convertirse en un empuje vegetariano para su librería local y obtener varios vegetarianos libros de cocina y tomarse el tiempo para experimentar con todo las recetas así es que usted aprende lo que a usted le gusta y lo que usted más bien no comería.

Recuerde, el vegetariano estilo de vida ha estado por ahí por los miles de años, tan debe haber algo en ello, de otra manera habría sido por largo tiempo pasado ahora. Si sucedió sin embargo religión o fuera de necesidad no es tan importante como los beneficios que trae para esos que escogen para vivir un vegetariano estilo de vida. Eso no debe mencionarle a personas de ayudas vivas a tono con los animales y la naturaleza que nos rodea y no siendo una parte de la matazón innecesaria de ganado y las aves de corral nos pueden ayudar a vivir con un aclarador consciente.